Este *planner* pertence a:

_____

*Dá o passo que o universo
bota o chão embaixo.*
PAULA ABREU

© 2021, Buzz Editora
© 2021, Paula Abreu

Publisher ANDERSON CAVALCANTE
Editora TAMIRES VON ATZINGEN
Assistente editorial JOÃO LUCAS Z. KOSCE
Preparação LIGIA ALVES
Revisão LARISSA WOSTOG
Projeto gráfico ESTÚDIO GRIFO
Assistente de design NATHALIA NAVARRO

Nesta edição, respeitou-se o novo Acordo Ortográfico da Língua Portuguesa.

Dados Internacionais de Catalogação na Publicação (CIP)
de acordo com ISBD

A162p

Abreu, Paula
 *Planeje sua Vida: Diário de Atividades da Bruxa
 Empreendedora* / Paula Abreu
 São Paulo: Editora Buzz, 2021
 208 pp.

 ISBN 978-65-89623-78-6

1. Autoconhecimento. 2. Planejamento. 3. Diário. I. Título.

2021-3681

CDD-150.1943
CDU-159.9019.4

Elaborado por Odilio Hilario Moreira Junior CRB-8/9949

Índice para catálogo sistemático:
Autoconhecimento 150.1943
Autoconhecimento 159.9.019.4

Todos os direitos reservados à:
Buzz Editora Ltda.
Av. Paulista, 726 — mezanino
CEP: 01310-100 — São Paulo, SP
[55 11] 4171 2317 | 4171 2318
contato@buzzeditora.com.br
www.buzzeditora.com.br

PAULA ABREU

PLANEJE SUA VIDA

---

*Diário de Atividades da
Bruxa Empreendedora*

INTRODUÇÃO

*"Todos os dias, a vida nos dá
uma nova chance de recomeçar."*
PAULA ABREU

Você tem em mãos um *planner* criado com muito amor e mais de 27 anos de estudos e prática em magia natural e espiritualidade, e 10 anos empreendendo minhas medicinas com sucesso. Este conhecimento está agora disponível para você levar a sua espiritualidade e o seu negócio para o próximo nível.

Usando este *planner* todos os dias, você estará numa jornada de crescimento e evolução constantes. Vai ganhar mais Presença, conseguirá criar a realidade que você deseja e merece, trazendo mais magia para a sua rotina e seu negócio.

Prepare-se para gerar mais alegria e autoestima ao perceber que, a cada dia, você escolhe sua vida.

O QUE É SER UMA BRUXA EMPREENDEDORA?

Muita gente ainda se assusta com a palavra "bruxa", já que as bruxas foram tão perseguidas por tanto tempo que o termo acabou recebendo uma série de interpretações negativas. Para algumas pessoas, até hoje, bruxa é uma feiticeira que faz magias para causar mal a outras pessoas.

Bem diferente disso, as bruxas de séculos atrás eram, na sua maioria, apenas mulheres sábias, intuitivas e sintonizadas com a natureza e seus elementos. Elas detinham, por exemplo, o conhecimento das propriedades curativas das ervas e plantas, e usavam esse conhecimento em prol da sua comunidade, preparando chás e remédios naturais. Eram, portanto, as curandeiras.

E as bruxas de hoje? Bem, elas continuam sendo mulheres sábias, intuitivas, e muitas delas trabalham com cura − por exemplo, como terapeutas holísticas com diferentes formações e ferramentas − ou com a transformação − instrutoras de yoga, meditação, psicólogas, nutricionistas.

Ok, mas então por que bruxa empreendedora?

Porque estamos em plena transição planetária, cada vez mais distantes da Era de Peixes − onde tudo era padronizado, hierarquizado e inautêntico − e cada vez mais vivendo a realidade da Era de Aquário, uma era de interdependência, acesso direto ao poder sem hierarquia, autenticidade e inovação.

E, numa era como a de Aquário, vai funcionar cada vez menos o que eu chamo de "script da vida", aquele roteirinho conhecido de estudar, fazer faculdade, estágio, se formar, arrumar emprego, casar, comprar casa própria e carro, ter filhos e esperar se aposentar para, talvez-quem-sabe, finalmente, ser feliz.

Mais e mais pessoas estão descobrindo que esse roteiro não é uma receita pronta de sucesso e felicidade aplicável a qualquer um. Essas pessoas estão buscando mais propósito na vida e no trabalho, e muitas delas estão encontrando formas de empreender quem elas são. Usando sua intuição como grande mentora de negócios, e sem ignorar também seus mentores espirituais, a ciclicidade da natureza e sua ciclicidade feminina, as bruxas empreendedoras escolheram gerar liberdade e prosperidade − incluindo, mas não se limitando à abundância material.

Se você se identifica com alguma coisa do que falei, se sente o chamado para empreender seus saberes e medicinas, seja muito bem-vinda, bruxa empreendedora!

POR QUE CRIEI ESTE *PLANNER* PARA VOCÊ?

Desde pequena sempre fui viciada em cadernos, *journals*, diários e *planners*. Em 2012, quando abandonei minha carreira de advogada para viver de fazer o que amo (escrever), precisei recomeçar minha vida do zero. Foi então que retomei meu hábito de escrever diariamente no que chamo de meu "Caderno do Eu", bem como a usar *planners* para planejar meus dias com mais intencionalidade e ser mais produtiva, organizada e feliz.

Procurei muito por um *planner* que atendesse a todas as minhas necessidades, que me ajudasse a ser mais produtiva, mas que, ao mesmo tempo, contemplasse a natureza cíclica do ser humano – em especial das mulheres –, e me ajudasse a gerenciar meus pensamentos, emoções, comportamentos e hábitos.

Encontrei muitos *planners* ótimos que atendiam a uma ou algumas das minhas necessidades, mas não a todas. Por isso, e também por conta dos milhares de pedidos das minhas alunas, criei este *planner* que você agora tem em mãos.

OS TIPOS DE PÁGINAS DESTE *PLANNER*

No *Planner* da Bruxa Empreendedora, você vai encontrar dois tipos diferentes de páginas:

***Planner* Ativador Diário de Magia da Bruxa Empreendedora**

90 dias de foco total em reconhecer, ativar e usar a sua magia para realizar mais e melhor, elevar sua frequência diariamente, e colocar quem você é e sua magia em tudo o que você faz.

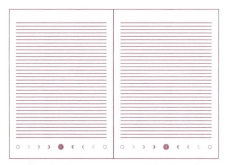

Diário da Bruxa Empreendedora

Páginas em branco para você registrar seus sonhos, planos, magias e fazer acontecer.

COMO PREENCHER O *PLANNER*

1 Qual será o seu foco hoje?

Neste campo, descreva qual será seu foco do dia, para manter sua atenção e cuidar disso como prioridade.

2 Fase da Lua

As fases da Lua influenciam as marés, as plantações. Por que não nos influenciariam também? Observe a fase da Lua e você poderá notar para o que a energia pode estar mais propícia e aproveitá-la para sua produtividade e criatividade.

- **Lua Crescente ☽** A fase em que a Lua tem aumento da sua luminosidade no céu. Aproveite a energia de expansão. Bom momento para iniciar movimentos e projetos.
- **Lua Cheia ●** A fase em que a Lua está no seu ápice de iluminação. Nossa energia também está em alta; bom momento para dar luz ao que desejamos, fazer conexões, se colocar no palco, lançar nossos projetos no mundo.
- **Lua Minguante ☾** Nessa fase, a Lua começa a ter menos iluminação. Bom momento para se recolher, reavaliar planos, fazer destralhes e desapegos.
- **Lua Nova ○** Nessa fase, a Lua é só um fio de luz no céu. Fase propícia para meditações, mergulhos profundos, para dar espaço ao novo que a gente quer que nasça na próxima fase.

3 Estação do ano

As estações também têm muito a nos dizer e podemos aproveitar toda a energia que está na natureza para nos conectar.

- **Primavera** Momento de fertilidade e florescimento.
- **Verão** Momento de plena luz, energia e abertura.
- **Outono** Momento de renovação e plantio.
- **Inverno** Momento de introspecção, de cultivar nossa energia interna.

4 Momento do seu ciclo

Observar os seus ciclos internos é um poderoso meio de acessar sua sabedoria interna. Assim como acontece na natureza, acontece dentro de você. Ciclos que se expandem, se retraem e trazem novas energias propícias para cada momento.

- **Pré-ovulatório** Seu corpo está se preparando para o ápice da fertilidade. Sua energia aumenta e você pode aproveitar para se comunicar, negociar, dar início a novos projetos.
- **Ovulatório** Seu corpo está no ápice da fertilidade. Aproveite para atividades em que possa se conectar com as pessoas, se expor, criar, ter muitas ideias, dar sequência ao que planejou na fase anterior.
- **Pré-menstrual** Sua energia começa a se voltar mais pra dentro. Bom momento para foco em autocuidado, desacelerar, buscar atividades que te inspirem. Destralhar e eliminar o que não lhe serve mais.
- **Menstrual** Momento de introspecção. Elaborar e avaliar o que você plantou e colheu nas fases anteriores. Atividades que possam ser feitas em silêncio, introspecção e recolhimento são muito bem-vindas.

5 Como está sua energia?

Use este campo para se observar e fazer uma avaliação de como está sua energia. Dê o adjetivo que melhor traduza como você está se sentindo nesse dia.

Ao lado, há o campo: *Como você vai usá-la hoje? Para o que ela está mais propícia?* Defina como você vai levar o seu dia, com base em como você avaliou que está a sua energia. Como você vai aproveitar o que a sua energia pede para hoje?

6 Pausa

Visualize como você quer viver o seu dia e registre aqui o que visualizou.

7 Como você vai se nutrir hoje?

Neste campo, registre como você vai cuidar da sua energia nos âmbitos físico, emocional e espiritual. Além de definir como você vai gerar energia a partir de pequenos hábitos e oportunidades do seu cotidiano, coloque suas metas e atitudes de movimento, alimentação, hidratação, respiração, oração etc.

8 Hoje

Registre as principais atitudes que você terá em direção aos seus sonhos.

9 Escreva aqui sua principal atitude hoje para se conectar com a abundância do universo

Descreva uma atitude que você terá para se conectar com a abundância, que já está disponível para você e que o universo está pronto para trazer para sua vida.

10 Avalie o dia

Use este campo ao fim do dia, para avaliar como foi seu autocuidado ao longo do dia, bem como tudo que pode melhorar no dia seguinte, e tudo que foi incrível hoje e você quer manter amanhã.

11 Diário da gratidão

Pelo que você é grata hoje na sua vida?

12 Palavra/frase que leva para amanhã

Leve seu mantra para se lembrar amanhã e seguir se cuidando muito bem.

PLANNER

PLANEJE SUA VIDA   data _____ / _____ / _____

Qual será o seu foco hoje?

> « Crie espaço para a paz no seu dia. Todo dia. »

_____
_____
_____
_____
_____
_____

Sincronia com a natureza

FASE DA LUA:	ESTAÇÃO DO ANO:	MOMENTO DO SEU CICLO:
[ ] Lua Crescente ◑	[ ] Primavera	[ ] Pré-ovulatório
[ ] Lua Cheia ●	[ ] Verão	[ ] Ovulatório
[ ] Lua Minguante ◐	[ ] Outono	[ ] Pré-menstrual
[ ] Lua Nova O	[ ] Inverno	[ ] Menstrual

COMO ESTÁ SUA ENERGIA?

_____
_____
_____
_____
_____

COMO VOCÊ VAI USÁ-LA HOJE? PARA O QUE ELA ESTÁ MAIS PROPÍCIA?

_____
_____
_____
_____
_____

→ **Pausa** ← Respire. Feche os olhos. Visualize seu dia. O que você viu?

_____
_____
_____
_____
_____

Como você vai se nutrir hoje?

FISICAMENTE	EMOCIONALMENTE	ESPIRITUALMENTE

Hoje → Principais ações rumo aos seus sonhos

_____
_____
_____
_____

Escreva aqui sua principal atitude hoje para se conectar com a abundância do universo

_____
_____
_____
_____

Avalie o dia → Como você praticou o autocuidado hoje?

_____
_____
_____
_____

O que pode melhorar?	O que foi incrível e você vai manter?
_____	_____
_____	_____
_____	_____
_____	_____

Diário da gratidão

_____
_____
_____
_____

Palavra/frase que leva para amanhã

_____
_____

❝ Só será tarde demais se você não começar agora. ❞

PLANEJE SUA VIDA   data _____ / _____ / _____

Qual será o seu foco hoje?

" Como você gostaria de se sentir? Está deliberadamente fazendo escolhas nessa direção? "

_____
_____
_____
_____
_____
_____

Sincronia com a natureza

FASE DA LUA:	ESTAÇÃO DO ANO:	MOMENTO DO SEU CICLO:
[ ] Lua Crescente ☽	[ ] Primavera	[ ] Pré-ovulatório
[ ] Lua Cheia ●	[ ] Verão	[ ] Ovulatório
[ ] Lua Minguante ☾	[ ] Outono	[ ] Pré-menstrual
[ ] Lua Nova O	[ ] Inverno	[ ] Menstrual

COMO ESTÁ SUA ENERGIA?

COMO VOCÊ VAI USÁ-LA HOJE? PARA O QUE ELA ESTÁ MAIS PROPÍCIA?

_____   _____
_____   _____
_____   _____
_____   _____
_____   _____

→ **Pausa** ← Respire. Feche os olhos. Visualize seu dia. O que você viu?

_____
_____
_____
_____

Como você vai se nutrir hoje?

FISICAMENTE	EMOCIONALMENTE	ESPIRITUALMENTE

Hoje → Principais ações rumo aos seus sonhos

Escreva aqui sua principal atitude hoje para se conectar com a abundância do universo

Avalie o dia → Como você praticou o autocuidado hoje?

O que pode melhorar?

O que foi incrível e você vai manter?

Diário da gratidão

Palavra/frase que leva para amanhã

> **" Quando você descobre o seu essencial e se dá conta de que ele está – e sempre esteve – sendo suprido pelo universo, se conecta com a vibração da abundância. "**

PLANEJE SUA VIDA

data _____ / _____ / _____

Qual será o seu foco hoje?

> **O que você mais teme deixar ir pode ser a cura que está faltando na sua vida.**

_____

_____

_____

_____

_____

Sincronia com a natureza

FASE DA LUA:	ESTAÇÃO DO ANO:	MOMENTO DO SEU CICLO:
[ ] Lua Crescente ☽	[ ] Primavera	[ ] Pré-ovulatório
[ ] Lua Cheia ●	[ ] Verão	[ ] Ovulatório
[ ] Lua Minguante ☾	[ ] Outono	[ ] Pré-menstrual
[ ] Lua Nova ○	[ ] Inverno	[ ] Menstrual

COMO ESTÁ SUA ENERGIA?

_____

_____

_____

_____

_____

COMO VOCÊ VAI USÁ-LA HOJE? PARA O QUE ELA ESTÁ MAIS PROPÍCIA?

_____

_____

_____

_____

_____

→ Pausa ← Respire. Feche os olhos. Visualize seu dia. O que você viu?

_____

_____

_____

_____

Como você vai se nutrir hoje?

FISICAMENTE	EMOCIONALMENTE	ESPIRITUALMENTE

Hoje → Principais ações rumo aos seus sonhos

Escreva aqui sua principal atitude hoje para se conectar com a abundância do universo

Avalie o dia → Como você praticou o autocuidado hoje?

O que pode melhorar?   O que foi incrível e você vai manter?

Diário da gratidão

Palavra/frase que leva para amanhã

> " A cada novo dia, você tem a oportunidade de refazer suas escolhas. "

PLANEJE SUA VIDA   data _____ / _____ / _____

Qual será o seu foco hoje?

> **Faça aquilo em que você acredita pelo simples motivo de que lhe faz sentir alegre. Leve sua alegria com você aonde for.** 》

_____
_____
_____
_____
_____
_____

Sincronia com a natureza

FASE DA LUA:	ESTAÇÃO DO ANO:	MOMENTO DO SEU CICLO:
[ ] Lua Crescente ◑	[ ] Primavera	[ ] Pré-ovulatório
[ ] Lua Cheia ●	[ ] Verão	[ ] Ovulatório
[ ] Lua Minguante ◐	[ ] Outono	[ ] Pré-menstrual
[ ] Lua Nova ○	[ ] Inverno	[ ] Menstrual

COMO ESTÁ SUA ENERGIA?

COMO VOCÊ VAI USÁ-LA HOJE?
PARA O QUE ELA ESTÁ MAIS PROPÍCIA?

→ **Pausa** ← Respire. Feche os olhos. Visualize seu dia. O que você viu?

_____
_____
_____
_____

Como você vai se nutrir hoje?

FISICAMENTE	EMOCIONALMENTE	ESPIRITUALMENTE

Hoje → Principais ações rumo aos seus sonhos

Escreva aqui sua principal atitude hoje para se conectar com a abundância do universo

Avalie o dia → Como você praticou o autocuidado hoje?

O que pode melhorar?	O que foi incrível e você vai manter?

Diário da gratidão

Palavra/frase que leva para amanhã

> **Comece a perceber que sua alegria é o resultado do contato com sua verdade, sua alma, e tudo o que há de mais profundo dentro de você.**

PLANEJE SUA VIDA   data ____ / ____ / ____

> **Permita-se se abrir para a informação de que a vida sempre está movendo você para a frente, na direção da sua evolução. O seu poder e o poder da vida se tornarão um só.**

Qual será o seu foco hoje?

_____
_____
_____
_____
_____
_____

Sincronia com a natureza

FASE DA LUA:	ESTAÇÃO DO ANO:	MOMENTO DO SEU CICLO:
[ ] Lua Crescente ◑	[ ] Primavera	[ ] Pré-ovulatório
[ ] Lua Cheia ●	[ ] Verão	[ ] Ovulatório
[ ] Lua Minguante ◐	[ ] Outono	[ ] Pré-menstrual
[ ] Lua Nova ○	[ ] Inverno	[ ] Menstrual

COMO ESTÁ SUA ENERGIA?

COMO VOCÊ VAI USÁ-LA HOJE?
PARA O QUE ELA ESTÁ MAIS PROPÍCIA?

→ **Pausa** ← Respire. Feche os olhos. Visualize seu dia. O que você viu?

_____
_____
_____
_____
_____

Como você vai se nutrir hoje?

FISICAMENTE	EMOCIONALMENTE	ESPIRITUALMENTE

Hoje → Principais ações rumo aos seus sonhos

Escreva aqui sua principal atitude hoje para se conectar com a abundância do universo

Avalie o dia → Como você praticou o autocuidado hoje?

O que pode melhorar?

O que foi incrível e você vai manter?

Diário da gratidão

Palavra/frase que leva para amanhã

" Viva simples, ame grande e confie que o resto vem. "

PLANEJE SUA VIDA   data _____ / _____ / _____

Qual será o seu foco hoje?

> **Que tipo de distração estou colocando na minha vida, hoje, que pode estar me atrapalhando ou me impedindo de atingir a clareza que eu gostaria de ter?**

_____
_____
_____
_____
_____

Sincronia com a natureza

FASE DA LUA:	ESTAÇÃO DO ANO:	MOMENTO DO SEU CICLO:
[ ] Lua Crescente ◐	[ ] Primavera	[ ] Pré-ovulatório
[ ] Lua Cheia ●	[ ] Verão	[ ] Ovulatório
[ ] Lua Minguante ◑	[ ] Outono	[ ] Pré-menstrual
[ ] Lua Nova ○	[ ] Inverno	[ ] Menstrual

COMO ESTÁ SUA ENERGIA?

COMO VOCÊ VAI USÁ-LA HOJE?
PARA O QUE ELA ESTÁ MAIS PROPÍCIA?

_____   _____
_____   _____
_____   _____
_____   _____
_____   _____

→ **Pausa** ← Respire. Feche os olhos. Visualize seu dia. O que você viu?

_____
_____
_____
_____
_____

Como você vai se nutrir hoje?

FISICAMENTE	EMOCIONALMENTE	ESPIRITUALMENTE

Hoje → Principais ações rumo aos seus sonhos

Escreva aqui sua principal atitude hoje para se conectar com a abundância do universo

Avalie o dia → Como você praticou o autocuidado hoje?

O que pode melhorar?

O que foi incrível e você vai manter?

Diário da gratidão

Palavra/frase que leva para amanhã

❝ **Agradeça. Abra-se para a luz. Porque é a escolha que você vai fazer agora, e a sua entrega, que vão definir a vida que você vai viver daqui a alguns anos.** ❞

PLANEJE SUA VIDA   data _____ / _____ / _____

Qual será o seu foco hoje?

> « E se, a partir de hoje, você escolhesse ser a protagonista da sua própria história? »

_____
_____
_____
_____
_____
_____

Sincronia com a natureza

FASE DA LUA:	ESTAÇÃO DO ANO:	MOMENTO DO SEU CICLO:
[ ] Lua Crescente ◗	[ ] Primavera	[ ] Pré-ovulatório
[ ] Lua Cheia ●	[ ] Verão	[ ] Ovulatório
[ ] Lua Minguante ◑	[ ] Outono	[ ] Pré-menstrual
[ ] Lua Nova O	[ ] Inverno	[ ] Menstrual

COMO ESTÁ SUA ENERGIA?

_____
_____
_____
_____

COMO VOCÊ VAI USÁ-LA HOJE?
PARA O QUE ELA ESTÁ MAIS PROPÍCIA?

_____
_____
_____
_____

→ **Pausa** ← Respire. Feche os olhos. Visualize seu dia. O que você viu?

_____
_____
_____
_____
_____

Como você vai se nutrir hoje?

FISICAMENTE	EMOCIONALMENTE	ESPIRITUALMENTE

Hoje → Principais ações rumo aos seus sonhos

Escreva aqui sua principal atitude hoje para se conectar com a abundância do universo

Avalie o dia → Como você praticou o autocuidado hoje?

O que pode melhorar?

O que foi incrível e você vai manter?

Diário da gratidão

Palavra/frase que leva para amanhã

> **O que mudaria se você mudasse a sua forma de ver a si mesma e começasse a perceber que cada dia é apenas um dia dentro de uma jornada muito maior?**

PLANEJE SUA VIDA   data _____ / _____ / _____

Qual será o seu foco hoje?

> " O primeiro passo para realizar qualquer coisa na vida é sonhar. "

Sincronia com a natureza

FASE DA LUA:	ESTAÇÃO DO ANO:	MOMENTO DO SEU CICLO:
[ ] Lua Crescente ☽	[ ] Primavera	[ ] Pré-ovulatório
[ ] Lua Cheia ●	[ ] Verão	[ ] Ovulatório
[ ] Lua Minguante ☾	[ ] Outono	[ ] Pré-menstrual
[ ] Lua Nova ○	[ ] Inverno	[ ] Menstrual

COMO ESTÁ SUA ENERGIA?

COMO VOCÊ VAI USÁ-LA HOJE? PARA O QUE ELA ESTÁ MAIS PROPÍCIA?

→ **Pausa** ← Respire. Feche os olhos. Visualize seu dia. O que você viu?

Como você vai se nutrir hoje?

FISICAMENTE	EMOCIONALMENTE	ESPIRITUALMENTE

Hoje → Principais ações rumo aos seus sonhos

_____
_____
_____
_____

Escreva aqui sua principal atitude hoje para se conectar com a abundância do universo

_____
_____
_____
_____

Avalie o dia → Como você praticou o autocuidado hoje?

_____
_____
_____
_____

O que pode melhorar?	O que foi incrível e você vai manter?
_____	_____
_____	_____
_____	_____
_____	_____

Diário da gratidão

_____
_____
_____
_____

Palavra/frase que leva para amanhã

_____
_____

> **" Permita-se sonhar e, em seguida, entregue o 'como' ao universo. "**

PLANEJE SUA VIDA   data _____ / _____ / _____

Qual será o seu foco hoje?

> **Aceite, acolha e integre o seu 'pior', para que ele possa ser entregue e transmutado em energia criativa, energia divina.** 》

_____
_____
_____
_____
_____
_____

Sincronia com a natureza

FASE DA LUA:	ESTAÇÃO DO ANO:	MOMENTO DO SEU CICLO:
[ ] Lua Crescente ☽	[ ] Primavera	[ ] Pré-ovulatório
[ ] Lua Cheia ●	[ ] Verão	[ ] Ovulatório
[ ] Lua Minguante ☾	[ ] Outono	[ ] Pré-menstrual
[ ] Lua Nova ○	[ ] Inverno	[ ] Menstrual

COMO ESTÁ SUA ENERGIA?

_____
_____
_____
_____
_____

COMO VOCÊ VAI USÁ-LA HOJE?
PARA O QUE ELA ESTÁ MAIS PROPÍCIA?

_____
_____
_____
_____
_____

→ **Pausa** ← Respire. Feche os olhos. Visualize seu dia. O que você viu?

_____
_____
_____
_____
_____

Como você vai se nutrir hoje?

FISICAMENTE	EMOCIONALMENTE	ESPIRITUALMENTE

Hoje → Principais ações rumo aos seus sonhos

Escreva aqui sua principal atitude hoje para se conectar com a abundância do universo

Avalie o dia → Como você praticou o autocuidado hoje?

O que pode melhorar?	O que foi incrível e você vai manter?

Diário da gratidão

Palavra/frase que leva para amanhã

> **Mesmo em meio aos momentos de maior medo e dor da sua vida, sempre existe um lugar dentro de você que entende, que sabe que você está bem.**

PLANEJE SUA VIDA

data _____ / _____ / _____

Qual será o seu foco hoje?

_____

_____

_____

_____

_____

_____

" Se está sentindo medo neste momento, olhe para dentro e busque a sua paz. É dela que vai brotar sua coragem. "

Sincronia com a natureza

FASE DA LUA:	ESTAÇÃO DO ANO:	MOMENTO DO SEU CICLO:
[ ] Lua Crescente ☾	[ ] Primavera	[ ] Pré-ovulatório
[ ] Lua Cheia ●	[ ] Verão	[ ] Ovulatório
[ ] Lua Minguante ☽	[ ] Outono	[ ] Pré-menstrual
[ ] Lua Nova O	[ ] Inverno	[ ] Menstrual

COMO ESTÁ SUA ENERGIA?

_____

_____

_____

_____

COMO VOCÊ VAI USÁ-LA HOJE? PARA O QUE ELA ESTÁ MAIS PROPÍCIA?

_____

_____

_____

_____

→ **Pausa** ← Respire. Feche os olhos. Visualize seu dia. O que você viu?

_____

_____

_____

_____

_____

Como você vai se nutrir hoje?

FISICAMENTE	EMOCIONALMENTE	ESPIRITUALMENTE

Hoje → Principais ações rumo aos seus sonhos

_____

Escreva aqui sua principal atitude hoje para se conectar com a abundância do universo

_____

Avalie o dia → Como você praticou o autocuidado hoje?

_____

O que pode melhorar?

_____

O que foi incrível e você vai manter?

_____

Diário da gratidão

_____

Palavra/frase que leva para amanhã

_____

> **Você nasceu para crescer e se tornar você, com tudo o que isso representa. Você nasceu para ser o seu melhor, para ser o que você mais quer ser dentro do seu coração.**

PLANEJE SUA VIDA

data ____ / ____ / ____

Qual será o seu foco hoje?

> *Com que pensamentos, decisões e atitudes você tem dito 'não' ao seu propósito de vida?*

Sincronia com a natureza

FASE DA LUA:	ESTAÇÃO DO ANO:	MOMENTO DO SEU CICLO:
[ ] Lua Crescente ☽	[ ] Primavera	[ ] Pré-ovulatório
[ ] Lua Cheia ●	[ ] Verão	[ ] Ovulatório
[ ] Lua Minguante ☾	[ ] Outono	[ ] Pré-menstrual
[ ] Lua Nova ○	[ ] Inverno	[ ] Menstrual

COMO ESTÁ SUA ENERGIA?

COMO VOCÊ VAI USÁ-LA HOJE? PARA O QUE ELA ESTÁ MAIS PROPÍCIA?

→ **Pausa** ← Respire. Feche os olhos. Visualize seu dia. O que você viu?

Como você vai se nutrir hoje?

FISICAMENTE	EMOCIONALMENTE	ESPIRITUALMENTE

Hoje → Principais ações rumo aos seus sonhos

Escreva aqui sua principal atitude hoje para se conectar com a abundância do universo

Avalie o dia → Como você praticou o autocuidado hoje?

O que pode melhorar?   O que foi incrível e você vai manter?

Diário da gratidão

Palavra/frase que leva para amanhã

❝ Em algum lugar do mundo há uma pessoa ajoelhada pedindo ao universo um milagre. Esse milagre talvez esteja guardado dentro de você. ❞

PLANEJE SUA VIDA   data ____ / ____ / ____

Qual será o seu foco hoje?

> " Coragem não é ausência de medo, mas sim ir em frente mesmo que você esteja com medo. "

_____

_____

_____

_____

_____

_____

Sincronia com a natureza

FASE DA LUA:	ESTAÇÃO DO ANO:	MOMENTO DO SEU CICLO:
[ ] Lua Crescente ◑	[ ] Primavera	[ ] Pré-ovulatório
[ ] Lua Cheia ●	[ ] Verão	[ ] Ovulatório
[ ] Lua Minguante ◐	[ ] Outono	[ ] Pré-menstrual
[ ] Lua Nova O	[ ] Inverno	[ ] Menstrual

COMO ESTÁ SUA ENERGIA?

COMO VOCÊ VAI USÁ-LA HOJE?
PARA O QUE ELA ESTÁ MAIS PROPÍCIA?

→ **Pausa** ← Respire. Feche os olhos. Visualize seu dia. O que você viu?

Como você vai se nutrir hoje?

FISICAMENTE	EMOCIONALMENTE	ESPIRITUALMENTE

Hoje → Principais ações rumo aos seus sonhos

Escreva aqui sua principal atitude hoje para se conectar com a abundância do universo

Avalie o dia → Como você praticou o autocuidado hoje?

O que pode melhorar?   O que foi incrível e você vai manter?

Diário da gratidão

Palavra/frase que leva para amanhã

" Acredite em si mesma. Escolha começar. Agora mesmo. "

PLANEJE SUA VIDA

data _____ / _____ / _____

" Por mais que estude, ensaie, se prepare, tem coisas que você só vai aprender e entender quando estiver com a mão na massa, errando, analisando resultados, vendo a teoria em prática. **"**

Qual será o seu foco hoje?

_____
_____
_____
_____
_____
_____

Sincronia com a natureza

FASE DA LUA:	ESTAÇÃO DO ANO:	MOMENTO DO SEU CICLO:
[ ] Lua Crescente ◑	[ ] Primavera	[ ] Pré-ovulatório
[ ] Lua Cheia ●	[ ] Verão	[ ] Ovulatório
[ ] Lua Minguante ◐	[ ] Outono	[ ] Pré-menstrual
[ ] Lua Nova ○	[ ] Inverno	[ ] Menstrual

COMO ESTÁ SUA ENERGIA?

_____
_____
_____
_____
_____

COMO VOCÊ VAI USÁ-LA HOJE? PARA O QUE ELA ESTÁ MAIS PROPÍCIA?

_____
_____
_____
_____
_____

→ **Pausa** ← Respire. Feche os olhos. Visualize seu dia. O que você viu?

_____
_____
_____
_____
_____

Como você vai se nutrir hoje?

FISICAMENTE	EMOCIONALMENTE	ESPIRITUALMENTE

Hoje → Principais ações rumo aos seus sonhos

Escreva aqui sua principal atitude hoje para se conectar com a abundância do universo

Avalie o dia → Como você praticou o autocuidado hoje?

O que pode melhorar?	O que foi incrível e você vai manter?

Diário da gratidão

Palavra/frase que leva para amanhã

> ❝ Feche os olhos, respire fundo e perceba como o universo inteiro já está dentro de você. ❞

PLANEJE SUA VIDA   data ____ / ____ / ____

Qual será o seu foco hoje?

> " Quanto mais você conseguir purificar o seu ambiente e a si mesma, maior vai ser a sua conexão intuitiva. "

_____
_____
_____
_____
_____
_____

Sincronia com a natureza

FASE DA LUA:	ESTAÇÃO DO ANO:	MOMENTO DO SEU CICLO:
[ ] Lua Crescente ☽	[ ] Primavera	[ ] Pré-ovulatório
[ ] Lua Cheia ●	[ ] Verão	[ ] Ovulatório
[ ] Lua Minguante ☾	[ ] Outono	[ ] Pré-menstrual
[ ] Lua Nova ○	[ ] Inverno	[ ] Menstrual

COMO ESTÁ SUA ENERGIA?

_____
_____
_____
_____

COMO VOCÊ VAI USÁ-LA HOJE? PARA O QUE ELA ESTÁ MAIS PROPÍCIA?

_____
_____
_____
_____

→ **Pausa** ← Respire. Feche os olhos. Visualize seu dia. O que você viu?

_____
_____
_____
_____
_____

Como você vai se nutrir hoje?

FISICAMENTE	EMOCIONALMENTE	ESPIRITUALMENTE

Hoje → Principais ações rumo aos seus sonhos

Escreva aqui sua principal atitude hoje para se conectar com a abundância do universo

Avalie o dia → Como você praticou o autocuidado hoje?

O que pode melhorar?

O que foi incrível e você vai manter?

Diário da gratidão

Palavra/frase que leva para amanhã

> **Escolha se reconectar com sua paixão, consigo mesma, com sua intuição e com o universo.**

PLANEJE SUA VIDA   data _____ / _____ / _____

Qual será o seu foco hoje?

> **Só devemos colocar nossa energia em um plano para mudar alguém quando esse alguém somos nós mesmas.**

_____

_____

_____

_____

_____

_____

Sincronia com a natureza

FASE DA LUA:	ESTAÇÃO DO ANO:	MOMENTO DO SEU CICLO:
[ ] Lua Crescente ☽	[ ] Primavera	[ ] Pré-ovulatório
[ ] Lua Cheia ●	[ ] Verão	[ ] Ovulatório
[ ] Lua Minguante ☾	[ ] Outono	[ ] Pré-menstrual
[ ] Lua Nova ○	[ ] Inverno	[ ] Menstrual

COMO ESTÁ SUA ENERGIA?

_____

_____

_____

_____

COMO VOCÊ VAI USÁ-LA HOJE? PARA O QUE ELA ESTÁ MAIS PROPÍCIA?

_____

_____

_____

_____

→ **Pausa** ← Respire. Feche os olhos. Visualize seu dia. O que você viu?

_____

_____

_____

_____

_____

Como você vai se nutrir hoje?

FISICAMENTE	EMOCIONALMENTE	ESPIRITUALMENTE

Hoje → Principais ações rumo aos seus sonhos

Escreva aqui sua principal atitude hoje para se conectar com a abundância do universo

Avalie o dia → Como você praticou o autocuidado hoje?

O que pode melhorar? O que foi incrível e você vai manter?

Diário da gratidão

Palavra/frase que leva para amanhã

" Aceitar o que você está sentindo faz parte de aceitar o momento presente. Faz parte de estar em paz consigo mesma e com o universo. "

PLANEJE SUA VIDA

data _____ / _____ / _____

Qual será o seu foco hoje?

"Ao lutar pelo que mais desejamos, por vezes nos esquecemos de que a felicidade está no caminho, nos pequenos acertos, nos amigos que nos apoiam."

_____

_____

_____

_____

_____

_____

Sincronia com a natureza

FASE DA LUA:	ESTAÇÃO DO ANO:	MOMENTO DO SEU CICLO:
[ ] Lua Crescente ◑	[ ] Primavera	[ ] Pré-ovulatório
[ ] Lua Cheia ●	[ ] Verão	[ ] Ovulatório
[ ] Lua Minguante ◐	[ ] Outono	[ ] Pré-menstrual
[ ] Lua Nova ○	[ ] Inverno	[ ] Menstrual

COMO ESTÁ SUA ENERGIA?

_____

_____

_____

_____

COMO VOCÊ VAI USÁ-LA HOJE?
PARA O QUE ELA ESTÁ MAIS PROPÍCIA?

_____

_____

_____

_____

→ **Pausa** ← Respire. Feche os olhos. Visualize seu dia. O que você viu?

_____

_____

_____

_____

_____

Como você vai se nutrir hoje?

FISICAMENTE	EMOCIONALMENTE	ESPIRITUALMENTE

Hoje → Principais ações rumo aos seus sonhos

Escreva aqui sua principal atitude hoje para se conectar com a abundância do universo

Avalie o dia → Como você praticou o autocuidado hoje?

O que pode melhorar?

O que foi incrível e você vai manter?

Diário da gratidão

Palavra/frase que leva para amanhã

❝ Não fique remoendo situações passadas, reciclando o seu lixo emocional. Seja lá o que tenha acontecido no seu passado, deixe ir. Liberte-se. ❞

PLANEJE SUA VIDA

data _____ / _____ / _____

Qual será o seu foco hoje?

> « O momento presente é sua oportunidade de fazer diferente, de se abrir para receber o que a vida quer lhe enviar. »

Sincronia com a natureza

FASE DA LUA:	ESTAÇÃO DO ANO:	MOMENTO DO SEU CICLO:
[ ] Lua Crescente ☽	[ ] Primavera	[ ] Pré-ovulatório
[ ] Lua Cheia ●	[ ] Verão	[ ] Ovulatório
[ ] Lua Minguante ☾	[ ] Outono	[ ] Pré-menstrual
[ ] Lua Nova O	[ ] Inverno	[ ] Menstrual

COMO ESTÁ SUA ENERGIA?

COMO VOCÊ VAI USÁ-LA HOJE? PARA O QUE ELA ESTÁ MAIS PROPÍCIA?

→ **Pausa** ← Respire. Feche os olhos. Visualize seu dia. O que você viu?

Como você vai se nutrir hoje?

FISICAMENTE	EMOCIONALMENTE	ESPIRITUALMENTE

Hoje → Principais ações rumo aos seus sonhos

Escreva aqui sua principal atitude hoje para se conectar com a abundância do universo

Avalie o dia → Como você praticou o autocuidado hoje?

O que pode melhorar?

O que foi incrível e você vai manter?

Diário da gratidão

Palavra/frase que leva para amanhã

" Toda noite, antes de dormir, se pergunte: pelo que eu me sinto grata, ou pelo que eu me sinto feliz agora? Busque na memória até ter pelo menos três coisas. "

PLANEJE SUA VIDA

data _____ / _____ / _____

Qual será o seu foco hoje?

"A cada queda, seja como a criança que está aprendendo a andar: ria de si mesmo, aprenda as pequenas lições de cada queda e nunca, nunca desista."

Sincronia com a natureza

FASE DA LUA:	ESTAÇÃO DO ANO:	MOMENTO DO SEU CICLO:
[ ] Lua Crescente ☽	[ ] Primavera	[ ] Pré-ovulatório
[ ] Lua Cheia ●	[ ] Verão	[ ] Ovulatório
[ ] Lua Minguante ☾	[ ] Outono	[ ] Pré-menstrual
[ ] Lua Nova ○	[ ] Inverno	[ ] Menstrual

COMO ESTÁ SUA ENERGIA?

COMO VOCÊ VAI USÁ-LA HOJE?
PARA O QUE ELA ESTÁ MAIS PROPÍCIA?

→ **Pausa** ← Respire. Feche os olhos. Visualize seu dia. O que você viu?

Como você vai se nutrir hoje?

FISICAMENTE	EMOCIONALMENTE	ESPIRITUALMENTE

Hoje → Principais ações rumo aos seus sonhos

Escreva aqui sua principal atitude hoje para se conectar com a abundância do universo

Avalie o dia → Como você praticou o autocuidado hoje?

O que pode melhorar?

O que foi incrível e você vai manter?

Diário da gratidão

Palavra/frase que leva para amanhã

❝ Encare cada 'fracasso' como um desafio e fique cada vez mais motivada a ir em frente. Que você consiga se conectar com essa força imparável que existe aí dentro. ❞

PLANEJE SUA VIDA

data _____ / _____ / _____

Qual será o seu foco hoje?

"Não deixe um tropeço se tornar uma queda. Faça dele um degrau para o sucesso. Ao encontrar pedras no seu caminho, use-as de base para aumentar ainda mais seu equilíbrio. "

_____

_____

_____

_____

_____

_____

Sincronia com a natureza

FASE DA LUA:	ESTAÇÃO DO ANO:	MOMENTO DO SEU CICLO:
[ ] Lua Crescente ☽	[ ] Primavera	[ ] Pré-ovulatório
[ ] Lua Cheia ●	[ ] Verão	[ ] Ovulatório
[ ] Lua Minguante ☾	[ ] Outono	[ ] Pré-menstrual
[ ] Lua Nova ○	[ ] Inverno	[ ] Menstrual

COMO ESTÁ SUA ENERGIA?

COMO VOCÊ VAI USÁ-LA HOJE?
PARA O QUE ELA ESTÁ MAIS PROPÍCIA?

→ **Pausa** ← Respire. Feche os olhos. Visualize seu dia. O que você viu?

Como você vai se nutrir hoje?

FISICAMENTE	EMOCIONALMENTE	ESPIRITUALMENTE

Hoje → Principais ações rumo aos seus sonhos

_____
_____
_____
_____

Escreva aqui sua principal atitude hoje para se conectar com a abundância do universo

_____
_____
_____
_____

Avalie o dia → Como você praticou o autocuidado hoje?

_____
_____
_____
_____

O que pode melhorar?   O que foi incrível e você vai manter?

_____   _____
_____   _____
_____   _____
_____   _____

Diário da gratidão

_____
_____
_____
_____

Palavra/frase que leva para amanhã

_____
_____

> ❝ Imagine se toda a sua vida fosse desenhada para
> o seu despertar. Ela é. ❞

PLANEJE SUA VIDA

data _____ / _____ / _____

Qual será o seu foco hoje?

> Não é uma vida incrível que vai fazer você viver com entusiasmo, mas sim o seu entusiasmo que vai fazer você viver uma vida incrível.

Sincronia com a natureza

FASE DA LUA:	ESTAÇÃO DO ANO:	MOMENTO DO SEU CICLO:
[ ] Lua Crescente ◐	[ ] Primavera	[ ] Pré-ovulatório
[ ] Lua Cheia ●	[ ] Verão	[ ] Ovulatório
[ ] Lua Minguante ◑	[ ] Outono	[ ] Pré-menstrual
[ ] Lua Nova ○	[ ] Inverno	[ ] Menstrual

COMO ESTÁ SUA ENERGIA?

COMO VOCÊ VAI USÁ-LA HOJE?
PARA O QUE ELA ESTÁ MAIS PROPÍCIA?

→ **Pausa** ← Respire. Feche os olhos. Visualize seu dia. O que você viu?

Como você vai se nutrir hoje?

FISICAMENTE	EMOCIONALMENTE	ESPIRITUALMENTE

Hoje → Principais ações rumo aos seus sonhos

Escreva aqui sua principal atitude hoje para se conectar com a abundância do universo

Avalie o dia → Como você praticou o autocuidado hoje?

O que pode melhorar?

O que foi incrível e você vai manter?

Diário da gratidão

Palavra/frase que leva para amanhã

> ❝ **Encontre sua convicção, lute por ela, viva aquilo em que acredita a cada dia. Não jogue fora essa oportunidade extraordinária que é a vida.** ❞

PLANEJE SUA VIDA   data ____ / ____ / ____

Qual será o seu foco hoje?

_____

_____

❝ Refaça a cada instante a sua escolha pela luz. ❞

_____

_____

_____

_____

Sincronia com a natureza

FASE DA LUA:	ESTAÇÃO DO ANO:	MOMENTO DO SEU CICLO:
[ ] Lua Crescente ◑	[ ] Primavera	[ ] Pré-ovulatório
[ ] Lua Cheia ●	[ ] Verão	[ ] Ovulatório
[ ] Lua Minguante ◑	[ ] Outono	[ ] Pré-menstrual
[ ] Lua Nova O	[ ] Inverno	[ ] Menstrual

COMO ESTÁ SUA ENERGIA?

COMO VOCÊ VAI USÁ-LA HOJE? PARA O QUE ELA ESTÁ MAIS PROPÍCIA?

_____

_____

_____

_____

→ Pausa ← Respire. Feche os olhos. Visualize seu dia. O que você viu?

_____

_____

_____

_____

Como você vai se nutrir hoje?

FISICAMENTE	EMOCIONALMENTE	ESPIRITUALMENTE

Hoje → Principais ações rumo aos seus sonhos

Escreva aqui sua principal atitude hoje para se conectar com a abundância do universo

Avalie o dia → Como você praticou o autocuidado hoje?

O que pode melhorar?

O que foi incrível e você vai manter?

Diário da gratidão

Palavra/frase que leva para amanhã

" Todo dia é uma nova chance de recomeçar. "

PLANEJE SUA VIDA

data _____ / _____ / _____

Qual será o seu foco hoje?

_____
_____
_____
_____
_____
_____

❝ Seu propósito de vida é ser você. ❞

Sincronia com a natureza

FASE DA LUA:	ESTAÇÃO DO ANO:	MOMENTO DO SEU CICLO:
[ ] Lua Crescente ◑	[ ] Primavera	[ ] Pré-ovulatório
[ ] Lua Cheia ●	[ ] Verão	[ ] Ovulatório
[ ] Lua Minguante ◑	[ ] Outono	[ ] Pré-menstrual
[ ] Lua Nova ○	[ ] Inverno	[ ] Menstrual

COMO ESTÁ SUA ENERGIA?

COMO VOCÊ VAI USÁ-LA HOJE?
PARA O QUE ELA ESTÁ MAIS PROPÍCIA?

→ **Pausa** ← Respire. Feche os olhos. Visualize seu dia. O que você viu?

_____
_____
_____
_____
_____

Como você vai se nutrir hoje?

FISICAMENTE	EMOCIONALMENTE	ESPIRITUALMENTE

Hoje → Principais ações rumo aos seus sonhos

Escreva aqui sua principal atitude hoje para se conectar com a abundância do universo

Avalie o dia → Como você praticou o autocuidado hoje?

O que pode melhorar?   O que foi incrível e você vai manter?

Diário da gratidão

Palavra/frase que leva para amanhã

" Celebre mais. Admire-se com as pequenas coisas. "

PLANEJE SUA VIDA

data _____ / _____ / _____

Qual será o seu foco hoje?

_____

_____

_____

_____

_____

_____

> **Seja mais curiosa e mais sensível diante de tudo.**

Sincronia com a natureza

FASE DA LUA:	ESTAÇÃO DO ANO:	MOMENTO DO SEU CICLO:
[ ] Lua Crescente ◑	[ ] Primavera	[ ] Pré-ovulatório
[ ] Lua Cheia ●	[ ] Verão	[ ] Ovulatório
[ ] Lua Minguante ◐	[ ] Outono	[ ] Pré-menstrual
[ ] Lua Nova ○	[ ] Inverno	[ ] Menstrual

COMO ESTÁ SUA ENERGIA?

_____

_____

_____

_____

COMO VOCÊ VAI USÁ-LA HOJE?
PARA O QUE ELA ESTÁ MAIS PROPÍCIA?

_____

_____

_____

_____

→ **Pausa** ← Respire. Feche os olhos. Visualize seu dia. O que você viu?

_____

_____

_____

_____

Como você vai se nutrir hoje?

FISICAMENTE	EMOCIONALMENTE	ESPIRITUALMENTE

Hoje → Principais ações rumo aos seus sonhos

Escreva aqui sua principal atitude hoje para se conectar com a abundância do universo

Avalie o dia → Como você praticou o autocuidado hoje?

O que pode melhorar?

O que foi incrível e você vai manter?

Diário da gratidão

Palavra/frase que leva para amanhã

> **Abra-se para o mundo, deixe que a vida invada você. Descubra as grandes maravilhas em toda a sua volta.**

PLANEJE SUA VIDA

data _____ / _____ / _____

Qual será o seu foco hoje?

_____
_____
_____
_____
_____
_____

> **Sucesso é poder viver a vida que eu escolhi.**

Sincronia com a natureza

FASE DA LUA:	ESTAÇÃO DO ANO:	MOMENTO DO SEU CICLO:
[ ] Lua Crescente ◗	[ ] Primavera	[ ] Pré-ovulatório
[ ] Lua Cheia ●	[ ] Verão	[ ] Ovulatório
[ ] Lua Minguante ◖	[ ] Outono	[ ] Pré-menstrual
[ ] Lua Nova ○	[ ] Inverno	[ ] Menstrual

COMO ESTÁ SUA ENERGIA?

COMO VOCÊ VAI USÁ-LA HOJE?
PARA O QUE ELA ESTÁ MAIS PROPÍCIA?

→ **Pausa** ← Respire. Feche os olhos. Visualize seu dia. O que você viu?

_____
_____
_____
_____

Como você vai se nutrir hoje?

FISICAMENTE	EMOCIONALMENTE	ESPIRITUALMENTE

Hoje → Principais ações rumo aos seus sonhos

Escreva aqui sua principal atitude hoje para se conectar com a abundância do universo

Avalie o dia → Como você praticou o autocuidado hoje?

O que pode melhorar?

O que foi incrível e você vai manter?

Diário da gratidão

Palavra/frase que leva para amanhã

« Queime os barcos. Um novo mundo te espera. »

PLANEJE SUA VIDA

data _____ / _____ / _____

Qual será o seu foco hoje?

> " O meu dia perfeito foi ontem. Está sendo hoje. E vai ser amanhã de novo. "

Sincronia com a natureza

FASE DA LUA:	ESTAÇÃO DO ANO:	MOMENTO DO SEU CICLO:
[ ] Lua Crescente ☽	[ ] Primavera	[ ] Pré-ovulatório
[ ] Lua Cheia ●	[ ] Verão	[ ] Ovulatório
[ ] Lua Minguante ☾	[ ] Outono	[ ] Pré-menstrual
[ ] Lua Nova ○	[ ] Inverno	[ ] Menstrual

COMO ESTÁ SUA ENERGIA?

COMO VOCÊ VAI USÁ-LA HOJE?
PARA O QUE ELA ESTÁ MAIS PROPÍCIA?

→ **Pausa** ← Respire. Feche os olhos. Visualize seu dia. O que você viu?

Como você vai se nutrir hoje?

FISICAMENTE	EMOCIONALMENTE	ESPIRITUALMENTE

Hoje → Principais ações rumo aos seus sonhos

Escreva aqui sua principal atitude hoje para se conectar com a abundância do universo

Avalie o dia → Como você praticou o autocuidado hoje?

O que pode melhorar?   O que foi incrível e você vai manter?

Diário da gratidão

Palavra/frase que leva para amanhã

> ❝ Seja a sua própria mestra. Procure respostas para as suas perguntas. Só depende de você. ❞

PLANEJE SUA VIDA   data _____ / _____ / _____

Qual será o seu foco hoje?

> " Viver de acordo com definições de sucesso alheias é como usar roupas de outras pessoas: você pode até não estar nua, mas as roupas nunca vão te servir perfeitamente. "

_____
_____
_____
_____
_____
_____

Sincronia com a natureza

FASE DA LUA:	ESTAÇÃO DO ANO:	MOMENTO DO SEU CICLO:
[ ] Lua Crescente ☽	[ ] Primavera	[ ] Pré-ovulatório
[ ] Lua Cheia ●	[ ] Verão	[ ] Ovulatório
[ ] Lua Minguante ☾	[ ] Outono	[ ] Pré-menstrual
[ ] Lua Nova ○	[ ] Inverno	[ ] Menstrual

COMO ESTÁ SUA ENERGIA?

_____
_____
_____
_____
_____

COMO VOCÊ VAI USÁ-LA HOJE?
PARA O QUE ELA ESTÁ MAIS PROPÍCIA?

_____
_____
_____
_____
_____

→ **Pausa** ← Respire. Feche os olhos. Visualize seu dia. O que você viu?

_____
_____
_____
_____
_____

Como você vai se nutrir hoje?

FISICAMENTE	EMOCIONALMENTE	ESPIRITUALMENTE

Hoje → Principais ações rumo aos seus sonhos

Escreva aqui sua principal atitude hoje para se conectar com a abundância do universo

Avalie o dia → Como você praticou o autocuidado hoje?

O que pode melhorar?	O que foi incrível e você vai manter?

Diário da gratidão

Palavra/frase que leva para amanhã

> " A sua grande paixão está dentro de você e não precisa ser descoberta: basta recuperá-la. "

PLANEJE SUA VIDA

data _____ / _____ / _____

Qual será o seu foco hoje?

> A cada novo dia temos uma segunda chance. Uma chance de fazer novas escolhas. Uma chance de mudar. **"**

_____

_____

_____

_____

_____

Sincronia com a natureza

FASE DA LUA:	ESTAÇÃO DO ANO:	MOMENTO DO SEU CICLO:
[ ] Lua Crescente ◑	[ ] Primavera	[ ] Pré-ovulatório
[ ] Lua Cheia ●	[ ] Verão	[ ] Ovulatório
[ ] Lua Minguante ◐	[ ] Outono	[ ] Pré-menstrual
[ ] Lua Nova O	[ ] Inverno	[ ] Menstrual

COMO ESTÁ SUA ENERGIA?

_____

_____

_____

_____

_____

COMO VOCÊ VAI USÁ-LA HOJE? PARA O QUE ELA ESTÁ MAIS PROPÍCIA?

_____

_____

_____

_____

_____

→ **Pausa** ← Respire. Feche os olhos. Visualize seu dia. O que você viu?

_____

_____

_____

_____

_____

Como você vai se nutrir hoje?

FISICAMENTE	EMOCIONALMENTE	ESPIRITUALMENTE

Hoje → Principais ações rumo aos seus sonhos

Escreva aqui sua principal atitude hoje para se conectar com a abundância do universo

Avalie o dia → Como você praticou o autocuidado hoje?

O que pode melhorar?   O que foi incrível e você vai manter?

Diário da gratidão

Palavra/frase que leva para amanhã

> *E se, a partir de hoje, você começasse a falar consigo mesma do jeito que fala com as pessoas que você ama?*

PLANEJE SUA VIDA   data ____ / ____ / ____

Qual será o seu foco hoje?

> " A hora de começar é agora.
> Os detalhes você vai acertando
> no caminho. "

_____

_____

_____

_____

_____

_____

_____

Sincronia com a natureza

FASE DA LUA:	ESTAÇÃO DO ANO:	MOMENTO DO SEU CICLO:
[ ] Lua Crescente ◑	[ ] Primavera	[ ] Pré-ovulatório
[ ] Lua Cheia ●	[ ] Verão	[ ] Ovulatório
[ ] Lua Minguante ◐	[ ] Outono	[ ] Pré-menstrual
[ ] Lua Nova ○	[ ] Inverno	[ ] Menstrual

COMO ESTÁ SUA ENERGIA?

_____

_____

_____

_____

_____

COMO VOCÊ VAI USÁ-LA HOJE?
PARA O QUE ELA ESTÁ MAIS PROPÍCIA?

_____

_____

_____

_____

_____

→ **Pausa** ← Respire. Feche os olhos. Visualize seu dia. O que você viu?

_____

_____

_____

_____

_____

Como você vai se nutrir hoje?

FISICAMENTE	EMOCIONALMENTE	ESPIRITUALMENTE

Hoje → Principais ações rumo aos seus sonhos

Escreva aqui sua principal atitude hoje para se conectar com a abundância do universo

Avalie o dia → Como você praticou o autocuidado hoje?

O que pode melhorar?	O que foi incrível e você vai manter?

Diário da gratidão

Palavra/frase que leva para amanhã

> « Reconhecer quem você é de verdade é um dos passos mais importantes desta jornada e também da sua vida. »

PLANEJE SUA VIDA   data ___ / ___ / ___

Qual será o seu foco hoje?

> " Enquanto você não conseguir parar e refletir sobre si mesma, nenhuma mudança será possível. "

_____
_____
_____
_____
_____
_____

Sincronia com a natureza

FASE DA LUA:	ESTAÇÃO DO ANO:	MOMENTO DO SEU CICLO:
[ ] Lua Crescente ☽	[ ] Primavera	[ ] Pré-ovulatório
[ ] Lua Cheia ●	[ ] Verão	[ ] Ovulatório
[ ] Lua Minguante ☾	[ ] Outono	[ ] Pré-menstrual
[ ] Lua Nova ○	[ ] Inverno	[ ] Menstrual

COMO ESTÁ SUA ENERGIA?

_____
_____
_____
_____
_____

COMO VOCÊ VAI USÁ-LA HOJE? PARA O QUE ELA ESTÁ MAIS PROPÍCIA?

_____
_____
_____
_____
_____

→ **Pausa** ← Respire. Feche os olhos. Visualize seu dia. O que você viu?

_____
_____
_____
_____
_____

Como você vai se nutrir hoje?

FISICAMENTE	EMOCIONALMENTE	ESPIRITUALMENTE

Hoje → Principais ações rumo aos seus sonhos

Escreva aqui sua principal atitude hoje para se conectar com a abundância do universo

Avalie o dia → Como você praticou o autocuidado hoje?

O que pode melhorar?

O que foi incrível e você vai manter?

Diário da gratidão

Palavra/frase que leva para amanhã

> **Pense nos seus valores, entenda quais são e faça uma faxina neles. Ao redefini-los, você entenderá melhor quem é e será mais fácil tomar uma decisão importante que precise tomar.**

PLANEJE SUA VIDA   data _____ / _____ / _____

Qual será o seu foco hoje?

> *A verdade é que a sua paixão é qualquer coisa que você sempre gostou de fazer, por toda – ou quase toda – a sua vida.* ""

_____

_____

_____

_____

_____

_____

Sincronia com a natureza

FASE DA LUA:	ESTAÇÃO DO ANO:	MOMENTO DO SEU CICLO:
[ ] Lua Crescente ◑	[ ] Primavera	[ ] Pré-ovulatório
[ ] Lua Cheia ●	[ ] Verão	[ ] Ovulatório
[ ] Lua Minguante ◐	[ ] Outono	[ ] Pré-menstrual
[ ] Lua Nova ○	[ ] Inverno	[ ] Menstrual

COMO ESTÁ SUA ENERGIA?   COMO VOCÊ VAI USÁ-LA HOJE? PARA O QUE ELA ESTÁ MAIS PROPÍCIA?

→ **Pausa** ← Respire. Feche os olhos. Visualize seu dia. O que você viu?

Como você vai se nutrir hoje?

FISICAMENTE	EMOCIONALMENTE	ESPIRITUALMENTE

Hoje → Principais ações rumo aos seus sonhos

Escreva aqui sua principal atitude hoje para se conectar com a abundância do universo

Avalie o dia → Como você praticou o autocuidado hoje?

O que pode melhorar?   O que foi incrível e você vai manter?

Diário da gratidão

Palavra/frase que leva para amanhã

> ❝ Segundo o seu coração, o que você devia estar fazendo da sua vida? ❞

PLANEJE SUA VIDA   data _____ / _____ / _____

Qual será o seu foco hoje?

> ❝ Reaprenda o tempo. Livre-se da noção linear de começo-meio-fim. Brinque com o tempo. Ele não é tão real quanto você pensa. ❞

_____

_____

_____

_____

_____

Sincronia com a natureza

FASE DA LUA:	ESTAÇÃO DO ANO:	MOMENTO DO SEU CICLO:
[ ] Lua Crescente ☽	[ ] Primavera	[ ] Pré-ovulatório
[ ] Lua Cheia ●	[ ] Verão	[ ] Ovulatório
[ ] Lua Minguante ☾	[ ] Outono	[ ] Pré-menstrual
[ ] Lua Nova ○	[ ] Inverno	[ ] Menstrual

COMO ESTÁ SUA ENERGIA?

_____

_____

_____

_____

COMO VOCÊ VAI USÁ-LA HOJE? PARA O QUE ELA ESTÁ MAIS PROPÍCIA?

_____

_____

_____

_____

→ Pausa ← Respire. Feche os olhos. Visualize seu dia. O que você viu?

_____

_____

_____

_____

_____

Como você vai se nutrir hoje?

FISICAMENTE	EMOCIONALMENTE	ESPIRITUALMENTE

Hoje → Principais ações rumo aos seus sonhos

Escreva aqui sua principal atitude hoje para se conectar com a abundância do universo

Avalie o dia → Como você praticou o autocuidado hoje?

O que pode melhorar?   O que foi incrível e você vai manter?

Diário da gratidão

Palavra/frase que leva para amanhã

“ Grandes mudanças e grandes ideias sempre encontram forte oposição de mentes pequenas. ”

PLANEJE SUA VIDA

data _____ / _____ / _____

Qual será o seu foco hoje?

_____

_____

> **Escolha, conscientemente, pensamentos que vão te impulsionar na direção dos seus sonhos. 99**

_____

_____

_____

_____

_____

Sincronia com a natureza

FASE DA LUA:	ESTAÇÃO DO ANO:	MOMENTO DO SEU CICLO:
[ ] Lua Crescente ☽	[ ] Primavera	[ ] Pré-ovulatório
[ ] Lua Cheia ●	[ ] Verão	[ ] Ovulatório
[ ] Lua Minguante ☾	[ ] Outono	[ ] Pré-menstrual
[ ] Lua Nova ○	[ ] Inverno	[ ] Menstrual

COMO ESTÁ SUA ENERGIA?

_____

_____

_____

_____

COMO VOCÊ VAI USÁ-LA HOJE?
PARA O QUE ELA ESTÁ MAIS PROPÍCIA?

_____

_____

_____

_____

→ **Pausa** ← Respire. Feche os olhos. Visualize seu dia. O que você viu?

_____

_____

_____

_____

_____

Como você vai se nutrir hoje?

FISICAMENTE	EMOCIONALMENTE	ESPIRITUALMENTE

Hoje → Principais ações rumo aos seus sonhos

Escreva aqui sua principal atitude hoje para se conectar com a abundância do universo

Avalie o dia → Como você praticou o autocuidado hoje?

O que pode melhorar?

O que foi incrível e você vai manter?

Diário da gratidão

Palavra/frase que leva para amanhã

“Mude o mundo naquilo em que você acha que ele deve ser diferente.”

PLANEJE SUA VIDA

data ____ / ____ / ____

> **A beleza de escolher a sua própria vida está no fato de que só você pode fazer isso. Cada um tem o direito e o dever de descobrir e definir o seu próprio conceito de felicidade.**

Qual será o seu foco hoje?

_____

_____

_____

_____

_____

Sincronia com a natureza

FASE DA LUA:	ESTAÇÃO DO ANO:	MOMENTO DO SEU CICLO:
[ ] Lua Crescente ◗	[ ] Primavera	[ ] Pré-ovulatório
[ ] Lua Cheia ●	[ ] Verão	[ ] Ovulatório
[ ] Lua Minguante ◖	[ ] Outono	[ ] Pré-menstrual
[ ] Lua Nova ○	[ ] Inverno	[ ] Menstrual

COMO ESTÁ SUA ENERGIA?

_____

_____

_____

_____

_____

COMO VOCÊ VAI USÁ-LA HOJE? PARA O QUE ELA ESTÁ MAIS PROPÍCIA?

_____

_____

_____

_____

_____

→ **Pausa** ← Respire. Feche os olhos. Visualize seu dia. O que você viu?

_____

_____

_____

_____

_____

Como você vai se nutrir hoje?

FISICAMENTE	EMOCIONALMENTE	ESPIRITUALMENTE

Hoje → Principais ações rumo aos seus sonhos

_____
_____
_____
_____

Escreva aqui sua principal atitude hoje para se conectar com a abundância do universo

_____
_____
_____
_____

Avalie o dia → Como você praticou o autocuidado hoje?

_____
_____
_____
_____

O que pode melhorar?   O que foi incrível e você vai manter?

_____   _____
_____   _____
_____   _____
_____   _____

Diário da gratidão

_____
_____
_____
_____

Palavra/frase que leva para amanhã

_____
_____

" Que grandes mudanças você sente que precisa fazer na sua vida hoje para chegar à vida dos sonhos? "

PLANEJE SUA VIDA

data _____ / _____ / _____

Qual será o seu foco hoje?

_____
_____
_____
_____
_____
_____
_____

> « Em quais áreas da sua vida você está gastando mais tempo do que gostaria? Por quê? »

Sincronia com a natureza

FASE DA LUA:	ESTAÇÃO DO ANO:	MOMENTO DO SEU CICLO:
[ ] Lua Crescente ☽	[ ] Primavera	[ ] Pré-ovulatório
[ ] Lua Cheia ●	[ ] Verão	[ ] Ovulatório
[ ] Lua Minguante ☾	[ ] Outono	[ ] Pré-menstrual
[ ] Lua Nova ○	[ ] Inverno	[ ] Menstrual

COMO ESTÁ SUA ENERGIA?

_____
_____
_____
_____

COMO VOCÊ VAI USÁ-LA HOJE? PARA O QUE ELA ESTÁ MAIS PROPÍCIA?

_____
_____
_____
_____

→ **Pausa** ← Respire. Feche os olhos. Visualize seu dia. O que você viu?

_____
_____
_____
_____

Como você vai se nutrir hoje?

FISICAMENTE	EMOCIONALMENTE	ESPIRITUALMENTE

Hoje → Principais ações rumo aos seus sonhos

Escreva aqui sua principal atitude hoje para se conectar com a abundância do universo

Avalie o dia → Como você praticou o autocuidado hoje?

O que pode melhorar?

O que foi incrível e você vai manter?

Diário da gratidão

Palavra/frase que leva para amanhã

> ❝ **Em quais áreas da sua vida você está gastando menos tempo do que gostaria? Por quê?** ❞

PLANEJE SUA VIDA

data _____ / _____ / _____

Qual será o seu foco hoje?

> « Que rotina, ritual ou hábito você sente que te move na direção de criar uma vida feliz? »

_____
_____
_____
_____
_____
_____

Sincronia com a natureza

FASE DA LUA:	ESTAÇÃO DO ANO:	MOMENTO DO SEU CICLO:
[ ] Lua Crescente ☽	[ ] Primavera	[ ] Pré-ovulatório
[ ] Lua Cheia ●	[ ] Verão	[ ] Ovulatório
[ ] Lua Minguante ☾	[ ] Outono	[ ] Pré-menstrual
[ ] Lua Nova ○	[ ] Inverno	[ ] Menstrual

COMO ESTÁ SUA ENERGIA?

COMO VOCÊ VAI USÁ-LA HOJE?
PARA O QUE ELA ESTÁ MAIS PROPÍCIA?

→ **Pausa** ← Respire. Feche os olhos. Visualize seu dia. O que você viu?

_____
_____
_____
_____
_____

Como você vai se nutrir hoje?

FISICAMENTE	EMOCIONALMENTE	ESPIRITUALMENTE

Hoje → Principais ações rumo aos seus sonhos

Escreva aqui sua principal atitude hoje para se conectar com a abundância do universo

Avalie o dia → Como você praticou o autocuidado hoje?

O que pode melhorar?	O que foi incrível e você vai manter?

Diário da gratidão

Palavra/frase que leva para amanhã

> **Que novos hábitos você sente que poderiam te ajudar a chegar mais rápido aos seus sonhos e objetivos?**

PLANEJE SUA VIDA   data _____ / _____ / _____

Qual será o seu foco hoje?

> **Em que áreas da sua vida você sente que sabe para onde está indo? E em que áreas você se sente perdida?**

_____

_____

_____

_____

_____

_____

Sincronia com a natureza

FASE DA LUA:	ESTAÇÃO DO ANO:	MOMENTO DO SEU CICLO:
[ ] Lua Crescente ☽	[ ] Primavera	[ ] Pré-ovulatório
[ ] Lua Cheia ●	[ ] Verão	[ ] Ovulatório
[ ] Lua Minguante ☾	[ ] Outono	[ ] Pré-menstrual
[ ] Lua Nova ○	[ ] Inverno	[ ] Menstrual

COMO ESTÁ SUA ENERGIA?

COMO VOCÊ VAI USÁ-LA HOJE?
PARA O QUE ELA ESTÁ MAIS PROPÍCIA?

→ **Pausa** ← Respire. Feche os olhos. Visualize seu dia. O que você viu?

_____

_____

_____

_____

Como você vai se nutrir hoje?

FISICAMENTE	EMOCIONALMENTE	ESPIRITUALMENTE

Hoje → Principais ações rumo aos seus sonhos

Escreva aqui sua principal atitude hoje para se conectar com a abundância do universo

Avalie o dia → Como você praticou o autocuidado hoje?

O que pode melhorar?

O que foi incrível e você vai manter?

Diário da gratidão

Palavra/frase que leva para amanhã

66 O que é mais importante na sua vida neste momento? 99

PLANEJE SUA VIDA   data _____ / _____ / _____

Qual será o seu foco hoje?

> **Que pensamentos, emoções ou comportamentos foram e são importantes nos seus momentos de vitória?**

_____
_____
_____
_____
_____
_____

Sincronia com a natureza

FASE DA LUA:	ESTAÇÃO DO ANO:	MOMENTO DO SEU CICLO:
[ ] Lua Crescente ◑	[ ] Primavera	[ ] Pré-ovulatório
[ ] Lua Cheia ●	[ ] Verão	[ ] Ovulatório
[ ] Lua Minguante ◐	[ ] Outono	[ ] Pré-menstrual
[ ] Lua Nova ○	[ ] Inverno	[ ] Menstrual

COMO ESTÁ SUA ENERGIA?

_____
_____
_____
_____

COMO VOCÊ VAI USÁ-LA HOJE? PARA O QUE ELA ESTÁ MAIS PROPÍCIA?

_____
_____
_____
_____

→ **Pausa** ← Respire. Feche os olhos. Visualize seu dia. O que você viu?

_____
_____
_____
_____

Como você vai se nutrir hoje?

FISICAMENTE	EMOCIONALMENTE	ESPIRITUALMENTE

Hoje → Principais ações rumo aos seus sonhos

Escreva aqui sua principal atitude hoje para se conectar com a abundância do universo

Avalie o dia → Como você praticou o autocuidado hoje?

O que pode melhorar?

O que foi incrível e você vai manter?

Diário da gratidão

Palavra/frase que leva para amanhã

" O que você poderia fazer se tivesse mais energia física, mental e emocional? "

PLANEJE SUA VIDA

data _____ / _____ / _____

Qual será o seu foco hoje?

> " Qual foi um momento da sua vida em que você se sentiu muito corajosa ou confiante? Como você fez para gerar coragem naquele momento? "

Sincronia com a natureza

FASE DA LUA:	ESTAÇÃO DO ANO:	MOMENTO DO SEU CICLO:
[ ] Lua Crescente ◗	[ ] Primavera	[ ] Pré-ovulatório
[ ] Lua Cheia ●	[ ] Verão	[ ] Ovulatório
[ ] Lua Minguante ◖	[ ] Outono	[ ] Pré-menstrual
[ ] Lua Nova O	[ ] Inverno	[ ] Menstrual

COMO ESTÁ SUA ENERGIA?

COMO VOCÊ VAI USÁ-LA HOJE? PARA O QUE ELA ESTÁ MAIS PROPÍCIA?

→ **Pausa** ← Respire. Feche os olhos. Visualize seu dia. O que você viu?

Como você vai se nutrir hoje?

FISICAMENTE	EMOCIONALMENTE	ESPIRITUALMENTE

Hoje → Principais ações rumo aos seus sonhos

Escreva aqui sua principal atitude hoje para se conectar com a abundância do universo

Avalie o dia → Como você praticou o autocuidado hoje?

O que pode melhorar?

O que foi incrível e você vai manter?

Diário da gratidão

Palavra/frase que leva para amanhã

> **" Em que época da sua vida você foi mais produtiva?
> Quais hábitos e rotinas você tinha nessa época? "**

PLANEJE SUA VIDA

data _____ / _____ / _____

Qual será o seu foco hoje?

_____
_____
_____

> **O que exatamente você quer dos seus relacionamentos?**

_____
_____
_____

Sincronia com a natureza

FASE DA LUA:	ESTAÇÃO DO ANO:	MOMENTO DO SEU CICLO:
[ ] Lua Crescente ◖	[ ] Primavera	[ ] Pré-ovulatório
[ ] Lua Cheia ●	[ ] Verão	[ ] Ovulatório
[ ] Lua Minguante ◗	[ ] Outono	[ ] Pré-menstrual
[ ] Lua Nova ○	[ ] Inverno	[ ] Menstrual

COMO ESTÁ SUA ENERGIA?

_____
_____
_____
_____

COMO VOCÊ VAI USÁ-LA HOJE?
PARA O QUE ELA ESTÁ MAIS PROPÍCIA?

_____
_____
_____
_____

→ **Pausa** ← Respire. Feche os olhos. Visualize seu dia. O que você viu?

_____
_____
_____
_____

Como você vai se nutrir hoje?

FISICAMENTE	EMOCIONALMENTE	ESPIRITUALMENTE

Hoje → Principais ações rumo aos seus sonhos

Escreva aqui sua principal atitude hoje para se conectar com a abundância do universo

Avalie o dia → Como você praticou o autocuidado hoje?

O que pode melhorar? | O que foi incrível e você vai manter?

Diário da gratidão

Palavra/frase que leva para amanhã

> ❝ O que é prosperidade para você? Em que áreas da sua vida você já é próspera? ❞

PLANEJE SUA VIDA

data ____ / ____ / ____

Qual será o seu foco hoje?

> « Você está vivendo algum desafio atualmente? O que você pode aprender com essa situação? Qual é a lição escondida? »

Sincronia com a natureza

FASE DA LUA:	ESTAÇÃO DO ANO:	MOMENTO DO SEU CICLO:
[ ] Lua Crescente ☽	[ ] Primavera	[ ] Pré-ovulatório
[ ] Lua Cheia ●	[ ] Verão	[ ] Ovulatório
[ ] Lua Minguante ☾	[ ] Outono	[ ] Pré-menstrual
[ ] Lua Nova ○	[ ] Inverno	[ ] Menstrual

COMO ESTÁ SUA ENERGIA?

COMO VOCÊ VAI USÁ-LA HOJE?
PARA O QUE ELA ESTÁ MAIS PROPÍCIA?

→ **Pausa** ← Respire. Feche os olhos. Visualize seu dia. O que você viu?

Como você vai se nutrir hoje?

FISICAMENTE	EMOCIONALMENTE	ESPIRITUALMENTE

Hoje → Principais ações rumo aos seus sonhos

Escreva aqui sua principal atitude hoje para se conectar com a abundância do universo

Avalie o dia → Como você praticou o autocuidado hoje?

O que pode melhorar?

O que foi incrível e você vai manter?

Diário da gratidão

Palavra/frase que leva para amanhã

> **Em que época da sua vida você se sentiu vivendo com propósito? O que estava acontecendo?**

PLANEJE SUA VIDA   data _____ / _____ / _____

Qual será o seu foco hoje?

> ❝ Se você pudesse adotar uma nova crença ou identidade poderosa e positiva sobre si mesma, qual seria? ❞

_____

_____

_____

_____

_____

_____

Sincronia com a natureza

FASE DA LUA:	ESTAÇÃO DO ANO:	MOMENTO DO SEU CICLO:
[ ] Lua Crescente ◐	[ ] Primavera	[ ] Pré-ovulatório
[ ] Lua Cheia ●	[ ] Verão	[ ] Ovulatório
[ ] Lua Minguante ◑	[ ] Outono	[ ] Pré-menstrual
[ ] Lua Nova ○	[ ] Inverno	[ ] Menstrual

COMO ESTÁ SUA ENERGIA?

COMO VOCÊ VAI USÁ-LA HOJE?
PARA O QUE ELA ESTÁ MAIS PROPÍCIA?

→ Pausa ← Respire. Feche os olhos. Visualize seu dia. O que você viu?

Como você vai se nutrir hoje?

FISICAMENTE	EMOCIONALMENTE	ESPIRITUALMENTE

Hoje → Principais ações rumo aos seus sonhos

Escreva aqui sua principal atitude hoje para se conectar com a abundância do universo

Avalie o dia → Como você praticou o autocuidado hoje?

O que pode melhorar?	O que foi incrível e você vai manter?

Diário da gratidão

Palavra/frase que leva para amanhã

“ O negócio é ser quem você é. ”

PLANEJE SUA VIDA   data _____ / _____ / _____

Qual será o seu foco hoje?

> ❝ Não encontre o seu propósito: deixe o seu propósito encontrar você. ❞

_____
_____
_____
_____
_____
_____

Sincronia com a natureza

FASE DA LUA:	ESTAÇÃO DO ANO:	MOMENTO DO SEU CICLO:
[ ] Lua Crescente ☽	[ ] Primavera	[ ] Pré-ovulatório
[ ] Lua Cheia ●	[ ] Verão	[ ] Ovulatório
[ ] Lua Minguante ☾	[ ] Outono	[ ] Pré-menstrual
[ ] Lua Nova O	[ ] Inverno	[ ] Menstrual

COMO ESTÁ SUA ENERGIA?

_____
_____
_____
_____

COMO VOCÊ VAI USÁ-LA HOJE? PARA O QUE ELA ESTÁ MAIS PROPÍCIA?

_____
_____
_____
_____

→ **Pausa** ← Respire. Feche os olhos. Visualize seu dia. O que você viu?

_____
_____
_____
_____

Como você vai se nutrir hoje?

FISICAMENTE	EMOCIONALMENTE	ESPIRITUALMENTE

Hoje → Principais ações rumo aos seus sonhos

_____
_____
_____
_____

Escreva aqui sua principal atitude hoje para se conectar com a abundância do universo

_____
_____
_____
_____

Avalie o dia → Como você praticou o autocuidado hoje?

_____
_____
_____
_____

O que pode melhorar?   O que foi incrível e você vai manter?

Diário da gratidão

_____
_____
_____
_____

Palavra/frase que leva para amanhã

_____
_____

❝ Quer transformar sua vida? Comece transformando os seus hábitos! ❞

PLANEJE SUA VIDA   data _____ / _____ / _____

Qual será o seu foco hoje?

_____
_____
_____
_____
_____
_____

> **Se você não está encontrando a luz, talvez seja porque você precisa se tornar a luz.**

Sincronia com a natureza

FASE DA LUA:	ESTAÇÃO DO ANO:	MOMENTO DO SEU CICLO:
[ ] Lua Crescente ☽	[ ] Primavera	[ ] Pré-ovulatório
[ ] Lua Cheia ●	[ ] Verão	[ ] Ovulatório
[ ] Lua Minguante ☾	[ ] Outono	[ ] Pré-menstrual
[ ] Lua Nova O	[ ] Inverno	[ ] Menstrual

COMO ESTÁ SUA ENERGIA?

_____
_____
_____
_____
_____

COMO VOCÊ VAI USÁ-LA HOJE? PARA O QUE ELA ESTÁ MAIS PROPÍCIA?

_____
_____
_____
_____
_____

→ **Pausa** ← Respire. Feche os olhos. Visualize seu dia. O que você viu?

_____
_____
_____
_____
_____

Como você vai se nutrir hoje?

FISICAMENTE	EMOCIONALMENTE	ESPIRITUALMENTE

Hoje → Principais ações rumo aos seus sonhos

Escreva aqui sua principal atitude hoje para se conectar com a abundância do universo

Avalie o dia → Como você praticou o autocuidado hoje?

O que pode melhorar?

O que foi incrível e você vai manter?

Diário da gratidão

Palavra/frase que leva para amanhã

❝ Para se energizar, é preciso celebrar. ❞

PLANEJE SUA VIDA   data ____ / ____ / ____

Qual será o seu foco hoje?

_____

_____

“ *Você é responsável pela energia* _____

que gera na sua vida. ” _____

_____

_____

_____

Sincronia com a natureza

FASE DA LUA:	ESTAÇÃO DO ANO:	MOMENTO DO SEU CICLO:
[ ] Lua Crescente ☽	[ ] Primavera	[ ] Pré-ovulatório
[ ] Lua Cheia ●	[ ] Verão	[ ] Ovulatório
[ ] Lua Minguante ☾	[ ] Outono	[ ] Pré-menstrual
[ ] Lua Nova ○	[ ] Inverno	[ ] Menstrual

COMO ESTÁ SUA ENERGIA?   **COMO VOCÊ VAI USÁ-LA HOJE?**
                                    PARA O QUE ELA ESTÁ MAIS PROPÍCIA?

→ **Pausa** ← Respire. Feche os olhos. Visualize seu dia. O que você viu?

_____

_____

_____

_____

_____

Como você vai se nutrir hoje?

FISICAMENTE	EMOCIONALMENTE	ESPIRITUALMENTE

Hoje → Principais ações rumo aos seus sonhos

Escreva aqui sua principal atitude hoje para se conectar com a abundância do universo

Avalie o dia → Como você praticou o autocuidado hoje?

O que pode melhorar?

O que foi incrível e você vai manter?

Diário da gratidão

Palavra/frase que leva para amanhã

❝ Sucesso é o resultado do que você faz todos os dias. ❞

PLANEJE SUA VIDA   data _____ / _____ / _____

Qual será o seu foco hoje?

> **Se você não levar o seu sonho a sério, ninguém vai levar.**

_____

_____

_____

_____

_____

_____

Sincronia com a natureza

FASE DA LUA:	ESTAÇÃO DO ANO:	MOMENTO DO SEU CICLO:
[ ] Lua Crescente ☽	[ ] Primavera	[ ] Pré-ovulatório
[ ] Lua Cheia ●	[ ] Verão	[ ] Ovulatório
[ ] Lua Minguante ☾	[ ] Outono	[ ] Pré-menstrual
[ ] Lua Nova ○	[ ] Inverno	[ ] Menstrual

COMO ESTÁ SUA ENERGIA?

COMO VOCÊ VAI USÁ-LA HOJE? PARA O QUE ELA ESTÁ MAIS PROPÍCIA?

_____   _____

_____   _____

_____   _____

_____   _____

→ Pausa ← Respire. Feche os olhos. Visualize seu dia. O que você viu?

_____

_____

_____

_____

Como você vai se nutrir hoje?

FISICAMENTE	EMOCIONALMENTE	ESPIRITUALMENTE

Hoje → Principais ações rumo aos seus sonhos

Escreva aqui sua principal atitude hoje para se conectar com a abundância do universo

Avalie o dia → Como você praticou o autocuidado hoje?

O que pode melhorar?

O que foi incrível e você vai manter?

Diário da gratidão

Palavra/frase que leva para amanhã

> **"Descubra o que é o seu essencial e, a partir dessa informação, reconstrua aos poucos sua vida em torno dele."**

PLANEJE SUA VIDA   data ____ / ____ / ____

Qual será o seu foco hoje?

> **Use o seu tempo com sabedoria.
> O dia de hoje é um presente.**

_____
_____
_____
_____
_____
_____

Sincronia com a natureza

FASE DA LUA:	ESTAÇÃO DO ANO:	MOMENTO DO SEU CICLO:
[ ] Lua Crescente ◑	[ ] Primavera	[ ] Pré-ovulatório
[ ] Lua Cheia ●	[ ] Verão	[ ] Ovulatório
[ ] Lua Minguante ◐	[ ] Outono	[ ] Pré-menstrual
[ ] Lua Nova ○	[ ] Inverno	[ ] Menstrual

COMO ESTÁ SUA ENERGIA?

_____
_____
_____
_____
_____

**COMO VOCÊ VAI USÁ-LA HOJE?
PARA O QUE ELA ESTÁ MAIS PROPÍCIA?**

_____
_____
_____
_____
_____

→ **Pausa** ← Respire. Feche os olhos. Visualize seu dia. O que você viu?

_____
_____
_____
_____
_____

Como você vai se nutrir hoje?

FISICAMENTE	EMOCIONALMENTE	ESPIRITUALMENTE

Hoje → Principais ações rumo aos seus sonhos

Escreva aqui sua principal atitude hoje para se conectar com a abundância do universo

Avalie o dia → Como você praticou o autocuidado hoje?

O que pode melhorar?

O que foi incrível e você vai manter?

Diário da gratidão

Palavra/frase que leva para amanhã

" O melhor momento para seguir sua paixão foi há quinze anos. O segundo melhor momento é agora. "

PLANEJE SUA VIDA

data _____ / _____ / _____

Qual será o seu foco hoje?

> **" Você está preparada internamente para receber aquilo que deseja? "**

Sincronia com a natureza

FASE DA LUA:	ESTAÇÃO DO ANO:	MOMENTO DO SEU CICLO:
[ ] Lua Crescente ◖	[ ] Primavera	[ ] Pré-ovulatório
[ ] Lua Cheia ●	[ ] Verão	[ ] Ovulatório
[ ] Lua Minguante ◗	[ ] Outono	[ ] Pré-menstrual
[ ] Lua Nova ○	[ ] Inverno	[ ] Menstrual

COMO ESTÁ SUA ENERGIA?

COMO VOCÊ VAI USÁ-LA HOJE? PARA O QUE ELA ESTÁ MAIS PROPÍCIA?

→ **Pausa** ← Respire. Feche os olhos. Visualize seu dia. O que você viu?

Como você vai se nutrir hoje?

FISICAMENTE	EMOCIONALMENTE	ESPIRITUALMENTE

Hoje → Principais ações rumo aos seus sonhos

Escreva aqui sua principal atitude hoje para se conectar com a abundância do universo

Avalie o dia → Como você praticou o autocuidado hoje?

O que pode melhorar?

O que foi incrível e você vai manter?

Diário da gratidão

Palavra/frase que leva para amanhã

> ❝ Quando você muda, se torna um convite para quem deseja mudar. ❞

PLANEJE SUA VIDA

data _____ / _____ / _____

Qual será o seu foco hoje?

_____
_____
_____
_____
_____
_____

> « Dê o passo que o universo bota o chão embaixo. »

Sincronia com a natureza

FASE DA LUA:	ESTAÇÃO DO ANO:	MOMENTO DO SEU CICLO:
[ ] Lua Crescente ☽	[ ] Primavera	[ ] Pré-ovulatório
[ ] Lua Cheia ●	[ ] Verão	[ ] Ovulatório
[ ] Lua Minguante ☾	[ ] Outono	[ ] Pré-menstrual
[ ] Lua Nova ○	[ ] Inverno	[ ] Menstrual

COMO ESTÁ SUA ENERGIA?

_____
_____
_____
_____

COMO VOCÊ VAI USÁ-LA HOJE?
PARA O QUE ELA ESTÁ MAIS PROPÍCIA?

_____
_____
_____
_____

→ **Pausa** ← Respire. Feche os olhos. Visualize seu dia. O que você viu?

_____
_____
_____
_____

Como você vai se nutrir hoje?

FISICAMENTE	EMOCIONALMENTE	ESPIRITUALMENTE

Hoje → Principais ações rumo aos seus sonhos

Escreva aqui sua principal atitude hoje para se conectar com a abundância do universo

Avalie o dia → Como você praticou o autocuidado hoje?

O que pode melhorar?	O que foi incrível e você vai manter?

Diário da gratidão

Palavra/frase que leva para amanhã

" Não se agarre a algo que não é para você. "

PLANEJE SUA VIDA

data _____ / _____ / _____

Qual será o seu foco hoje?

> **O que você vai fazer hoje para mudar o que está errado na sua vida?**

Sincronia com a natureza

FASE DA LUA:	ESTAÇÃO DO ANO:	MOMENTO DO SEU CICLO:
[ ] Lua Crescente ◐	[ ] Primavera	[ ] Pré-ovulatório
[ ] Lua Cheia ●	[ ] Verão	[ ] Ovulatório
[ ] Lua Minguante ◑	[ ] Outono	[ ] Pré-menstrual
[ ] Lua Nova O	[ ] Inverno	[ ] Menstrual

COMO ESTÁ SUA ENERGIA?

COMO VOCÊ VAI USÁ-LA HOJE? PARA O QUE ELA ESTÁ MAIS PROPÍCIA?

→ **Pausa** ← Respire. Feche os olhos. Visualize seu dia. O que você viu?

Como você vai se nutrir hoje?

FISICAMENTE	EMOCIONALMENTE	ESPIRITUALMENTE

Hoje → Principais ações rumo aos seus sonhos

Escreva aqui sua principal atitude hoje para se conectar com a abundância do universo

Avalie o dia → Como você praticou o autocuidado hoje?

O que pode melhorar?   O que foi incrível e você vai manter?

Diário da gratidão

Palavra/frase que leva para amanhã

> " Se você não sabe qual é o seu propósito, NÃO deveria saber qual é o seu propósito! "

PLANEJE SUA VIDA   data ____ / ____ / ____

Qual será o seu foco hoje?

_____
_____

" Assim como tudo na natureza, você tem o seu papel. **"**

_____
_____
_____
_____

Sincronia com a natureza

FASE DA LUA:	ESTAÇÃO DO ANO:	MOMENTO DO SEU CICLO:
[ ] Lua Crescente ☽	[ ] Primavera	[ ] Pré-ovulatório
[ ] Lua Cheia ●	[ ] Verão	[ ] Ovulatório
[ ] Lua Minguante ☾	[ ] Outono	[ ] Pré-menstrual
[ ] Lua Nova ○	[ ] Inverno	[ ] Menstrual

COMO ESTÁ SUA ENERGIA?

_____
_____
_____
_____

COMO VOCÊ VAI USÁ-LA HOJE?
PARA O QUE ELA ESTÁ MAIS PROPÍCIA?

_____
_____
_____
_____

→ **Pausa** ← Respire. Feche os olhos. Visualize seu dia. O que você viu?

_____
_____
_____
_____
_____

Como você vai se nutrir hoje?

FISICAMENTE	EMOCIONALMENTE	ESPIRITUALMENTE

Hoje → Principais ações rumo aos seus sonhos

Escreva aqui sua principal atitude hoje para se conectar com a abundância do universo

Avalie o dia → Como você praticou o autocuidado hoje?

O que pode melhorar?

O que foi incrível e você vai manter?

Diário da gratidão

Palavra/frase que leva para amanhã

❝ Ninguém pode viver a sua vida por você. Só você pode. ❞

PLANEJE SUA VIDA   data _____ / _____ / _____

Qual será o seu foco hoje?

" Aceitar a realidade não significa engolir sapo, mas sim parar de gastar energia rejeitando a realidade ou resistindo a ela. "

_____

_____

_____

_____

_____

Sincronia com a natureza

FASE DA LUA:	ESTAÇÃO DO ANO:	MOMENTO DO SEU CICLO:
[ ] Lua Crescente ◑	[ ] Primavera	[ ] Pré-ovulatório
[ ] Lua Cheia ●	[ ] Verão	[ ] Ovulatório
[ ] Lua Minguante ◑	[ ] Outono	[ ] Pré-menstrual
[ ] Lua Nova O	[ ] Inverno	[ ] Menstrual

COMO ESTÁ SUA ENERGIA?

COMO VOCÊ VAI USÁ-LA HOJE? PARA O QUE ELA ESTÁ MAIS PROPÍCIA?

→ **Pausa** ← Respire. Feche os olhos. Visualize seu dia. O que você viu?

Como você vai se nutrir hoje?

FISICAMENTE	EMOCIONALMENTE	ESPIRITUALMENTE

Hoje → Principais ações rumo aos seus sonhos

Escreva aqui sua principal atitude hoje para se conectar com a abundância do universo

Avalie o dia → Como você praticou o autocuidado hoje?

O que pode melhorar?

O que foi incrível e você vai manter?

Diário da gratidão

Palavra/frase que leva para amanhã

" Você, como tudo na natureza, foi criada por um motivo. "

PLANEJE SUA VIDA

data _____ / _____ / _____

Qual será o seu foco hoje?

_____

_____

_____

_____

_____

_____

> " Enquanto o narcisista quer ser melhor que os outros, você quer ser melhor do que era ontem. "

Sincronia com a natureza

FASE DA LUA:	ESTAÇÃO DO ANO:	MOMENTO DO SEU CICLO:
[ ] Lua Crescente ◑	[ ] Primavera	[ ] Pré-ovulatório
[ ] Lua Cheia ●	[ ] Verão	[ ] Ovulatório
[ ] Lua Minguante ◐	[ ] Outono	[ ] Pré-menstrual
[ ] Lua Nova ○	[ ] Inverno	[ ] Menstrual

COMO ESTÁ SUA ENERGIA?

_____

_____

_____

_____

COMO VOCÊ VAI USÁ-LA HOJE?
PARA O QUE ELA ESTÁ MAIS PROPÍCIA?

_____

_____

_____

_____

→ **Pausa** ←   Respire. Feche os olhos. Visualize seu dia. O que você viu?

_____

_____

_____

Como você vai se nutrir hoje?

FISICAMENTE	EMOCIONALMENTE	ESPIRITUALMENTE

Hoje → Principais ações rumo aos seus sonhos

Escreva aqui sua principal atitude hoje para se conectar com a abundância do universo

Avalie o dia → Como você praticou o autocuidado hoje?

O que pode melhorar?

O que foi incrível e você vai manter?

Diário da gratidão

Palavra/frase que leva para amanhã

> **Quanto mais você se conhecer, menos as opiniões alheias terão importância na sua vida.**

PLANEJE SUA VIDA

data _____ / _____ / _____

Qual será o seu foco hoje?

> " Algumas medicinas humanas nascem da falta de amor, da violência, do abuso, da perda, da ausência, da injustiça, da rejeição, do abandono e da humilhação. "

_____
_____
_____
_____
_____
_____

Sincronia com a natureza

FASE DA LUA:	ESTAÇÃO DO ANO:	MOMENTO DO SEU CICLO:
[ ] Lua Crescente ◖	[ ] Primavera	[ ] Pré-ovulatório
[ ] Lua Cheia ●	[ ] Verão	[ ] Ovulatório
[ ] Lua Minguante ◗	[ ] Outono	[ ] Pré-menstrual
[ ] Lua Nova ○	[ ] Inverno	[ ] Menstrual

COMO ESTÁ SUA ENERGIA?

COMO VOCÊ VAI USÁ-LA HOJE? PARA O QUE ELA ESTÁ MAIS PROPÍCIA?

→ **Pausa** ← Respire. Feche os olhos. Visualize seu dia. O que você viu?

Como você vai se nutrir hoje?

FISICAMENTE	EMOCIONALMENTE	ESPIRITUALMENTE

Hoje → Principais ações rumo aos seus sonhos

Escreva aqui sua principal atitude hoje para se conectar com a abundância do universo

Avalie o dia → Como você praticou o autocuidado hoje?

O que pode melhorar?
O que foi incrível e você vai manter?

Diário da gratidão

Palavra/frase que leva para amanhã

> **Uma crença limitante nada mais é que um pensamento.**

PLANEJE SUA VIDA

data _____ / _____ / _____

> « Como a sua mente é uma ótima cumpridora de tarefas, ela sempre vai trabalhar duro para confirmar tudo aquilo em que você acredita. »

Qual será o seu foco hoje?

_____
_____
_____
_____
_____
_____

Sincronia com a natureza

FASE DA LUA:	ESTAÇÃO DO ANO:	MOMENTO DO SEU CICLO:
[ ] Lua Crescente ☽	[ ] Primavera	[ ] Pré-ovulatório
[ ] Lua Cheia ●	[ ] Verão	[ ] Ovulatório
[ ] Lua Minguante ☾	[ ] Outono	[ ] Pré-menstrual
[ ] Lua Nova ○	[ ] Inverno	[ ] Menstrual

COMO ESTÁ SUA ENERGIA?

_____
_____
_____
_____

COMO VOCÊ VAI USÁ-LA HOJE?
PARA O QUE ELA ESTÁ MAIS PROPÍCIA?

_____
_____
_____
_____

→ **Pausa** ← Respire. Feche os olhos. Visualize seu dia. O que você viu?

_____
_____
_____
_____
_____

Como você vai se nutrir hoje?

FISICAMENTE	EMOCIONALMENTE	ESPIRITUALMENTE

Hoje → Principais ações rumo aos seus sonhos

Escreva aqui sua principal atitude hoje para se conectar com a abundância do universo

Avalie o dia → Como você praticou o autocuidado hoje?

O que pode melhorar?

O que foi incrível e você vai manter?

Diário da gratidão

Palavra/frase que leva para amanhã

" O desconforto é um sinal de que temos a oportunidade de curar alguma coisa. "

PLANEJE SUA VIDA

data _____ / _____ / _____

Qual será o seu foco hoje?

> " Enquanto se enxergar como vítima, você não conseguirá ver a mensagem ou entender a lição por trás da situação. "

_____
_____
_____
_____
_____
_____

Sincronia com a natureza

FASE DA LUA:	ESTAÇÃO DO ANO:	MOMENTO DO SEU CICLO:
[ ] Lua Crescente ◗	[ ] Primavera	[ ] Pré-ovulatório
[ ] Lua Cheia ●	[ ] Verão	[ ] Ovulatório
[ ] Lua Minguante ◖	[ ] Outono	[ ] Pré-menstrual
[ ] Lua Nova ○	[ ] Inverno	[ ] Menstrual

COMO ESTÁ SUA ENERGIA?

COMO VOCÊ VAI USÁ-LA HOJE?
PARA O QUE ELA ESTÁ MAIS PROPÍCIA?

→ **Pausa** ← Respire. Feche os olhos. Visualize seu dia. O que você viu?

_____
_____
_____
_____

Como você vai se nutrir hoje?

FISICAMENTE	EMOCIONALMENTE	ESPIRITUALMENTE

Hoje → Principais ações rumo aos seus sonhos

Escreva aqui sua principal atitude hoje para se conectar com a abundância do universo

Avalie o dia → Como você praticou o autocuidado hoje?

O que pode melhorar?

O que foi incrível e você vai manter?

Diário da gratidão

Palavra/frase que leva para amanhã

> " E se, a partir de hoje, você encarasse os seus problemas como desafios, como oportunidades para usar sua criatividade, para aprender novas coisas, desenvolver novas habilidades? "

PLANEJE SUA VIDA

data ____ / ____ / ____

Qual será o seu foco hoje?

> **« Faça as pequenas coisas que têm que ser feitas. Todos os dias. »**

_____
_____
_____
_____
_____
_____

Sincronia com a natureza

FASE DA LUA:	ESTAÇÃO DO ANO:	MOMENTO DO SEU CICLO:
[ ] Lua Crescente ◑	[ ] Primavera	[ ] Pré-ovulatório
[ ] Lua Cheia ●	[ ] Verão	[ ] Ovulatório
[ ] Lua Minguante ◐	[ ] Outono	[ ] Pré-menstrual
[ ] Lua Nova ○	[ ] Inverno	[ ] Menstrual

COMO ESTÁ SUA ENERGIA?

_____
_____
_____
_____

COMO VOCÊ VAI USÁ-LA HOJE?
PARA O QUE ELA ESTÁ MAIS PROPÍCIA?

_____
_____
_____
_____

→ Pausa ← Respire. Feche os olhos. Visualize seu dia. O que você viu?

_____
_____
_____
_____

Como você vai se nutrir hoje?

FISICAMENTE	EMOCIONALMENTE	ESPIRITUALMENTE

Hoje → Principais ações rumo aos seus sonhos

Escreva aqui sua principal atitude hoje para se conectar com a abundância do universo

---

Avalie o dia → Como você praticou o autocuidado hoje?

O que pode melhorar?

O que foi incrível e você vai manter?

Diário da gratidão

Palavra/frase que leva para amanhã

> **Entenda: independentemente do trabalho que você escolher fazer, a sua medicina está ligada ao seu propósito primário; ela faz parte de quem você é.**

PLANEJE SUA VIDA

data ____ / ____ / ____

Qual será o seu foco hoje?

> **Reencarne no mesmo CPF e seja imparável.**

_____

_____

_____

_____

_____

_____

Sincronia com a natureza

FASE DA LUA:	ESTAÇÃO DO ANO:	MOMENTO DO SEU CICLO:
[ ] Lua Crescente ◑	[ ] Primavera	[ ] Pré-ovulatório
[ ] Lua Cheia ●	[ ] Verão	[ ] Ovulatório
[ ] Lua Minguante ◐	[ ] Outono	[ ] Pré-menstrual
[ ] Lua Nova ○	[ ] Inverno	[ ] Menstrual

COMO ESTÁ SUA ENERGIA?

COMO VOCÊ VAI USÁ-LA HOJE? PARA O QUE ELA ESTÁ MAIS PROPÍCIA?

→ **Pausa** ← Respire. Feche os olhos. Visualize seu dia. O que você viu?

Como você vai se nutrir hoje?

FISICAMENTE	EMOCIONALMENTE	ESPIRITUALMENTE

Hoje → Principais ações rumo aos seus sonhos

Escreva aqui sua principal atitude hoje para se conectar com a abundância do universo

Avalie o dia → Como você praticou o autocuidado hoje?

O que pode melhorar?

O que foi incrível e você vai manter?

Diário da gratidão

Palavra/frase que leva para amanhã

> A única verdade inquestionável é que existem quase oito bilhões de verdades caminhando pelo mundo neste momento.

PLANEJE SUA VIDA   data _____ / _____ / _____

Qual será o seu foco hoje?

> **Quem sou eu para não fazer dinheiro com as minhas ideias?**

_____
_____
_____
_____
_____
_____

Sincronia com a natureza

FASE DA LUA:	ESTAÇÃO DO ANO:	MOMENTO DO SEU CICLO:
[ ] Lua Crescente ☽	[ ] Primavera	[ ] Pré-ovulatório
[ ] Lua Cheia ●	[ ] Verão	[ ] Ovulatório
[ ] Lua Minguante ☾	[ ] Outono	[ ] Pré-menstrual
[ ] Lua Nova ○	[ ] Inverno	[ ] Menstrual

COMO ESTÁ SUA ENERGIA?

_____
_____
_____
_____

COMO VOCÊ VAI USÁ-LA HOJE? PARA O QUE ELA ESTÁ MAIS PROPÍCIA?

_____
_____
_____
_____

→ **Pausa** ← Respire. Feche os olhos. Visualize seu dia. O que você viu?

_____
_____
_____
_____

Como você vai se nutrir hoje?

FISICAMENTE	EMOCIONALMENTE	ESPIRITUALMENTE

Hoje → Principais ações rumo aos seus sonhos

Escreva aqui sua principal atitude hoje para se conectar com a abundância do universo

Avalie o dia → Como você praticou o autocuidado hoje?

O que pode melhorar?

O que foi incrível e você vai manter?

Diário da gratidão

Palavra/frase que leva para amanhã

"*A chave para a cura é a disposição para ver as coisas de um jeito diferente. Ao fazer isso, você abre mão do controle e o entrega ao universo, ou a Deus.*"

PLANEJE SUA VIDA   data ____ / ____ / ____

Qual será o seu foco hoje?

_____
_____
_____
_____
_____
_____

> " Quando você muda a sua percepção, as coisas automaticamente mudam. "

Sincronia com a natureza

FASE DA LUA:	ESTAÇÃO DO ANO:	MOMENTO DO SEU CICLO:
[ ] Lua Crescente ☾	[ ] Primavera	[ ] Pré-ovulatório
[ ] Lua Cheia ●	[ ] Verão	[ ] Ovulatório
[ ] Lua Minguante ☽	[ ] Outono	[ ] Pré-menstrual
[ ] Lua Nova ○	[ ] Inverno	[ ] Menstrual

COMO ESTÁ SUA ENERGIA?

_____
_____
_____
_____

COMO VOCÊ VAI USÁ-LA HOJE?
PARA O QUE ELA ESTÁ MAIS PROPÍCIA?

_____
_____
_____
_____

→ **Pausa** ← Respire. Feche os olhos. Visualize seu dia. O que você viu?

_____
_____
_____
_____
_____

Como você vai se nutrir hoje?

FISICAMENTE	EMOCIONALMENTE	ESPIRITUALMENTE

Hoje → Principais ações rumo aos seus sonhos

Escreva aqui sua principal atitude hoje para se conectar com a abundância do universo

Avalie o dia → Como você praticou o autocuidado hoje?

O que pode melhorar?

O que foi incrível e você vai manter?

Diário da gratidão

Palavra/frase que leva para amanhã

> " Nada de errado aconteceu e não existem vítimas em nenhuma situação. "

PLANEJE SUA VIDA

data _____ / _____ / _____

Qual será o seu foco hoje?

> " Assim como os remédios na medicina tradicional, todos temos um papel na cura de outras pessoas e do planeta. "

_____

_____

_____

_____

_____

_____

Sincronia com a natureza

FASE DA LUA:	ESTAÇÃO DO ANO:	MOMENTO DO SEU CICLO:
[ ] Lua Crescente ◑	[ ] Primavera	[ ] Pré-ovulatório
[ ] Lua Cheia ●	[ ] Verão	[ ] Ovulatório
[ ] Lua Minguante ◑	[ ] Outono	[ ] Pré-menstrual
[ ] Lua Nova ○	[ ] Inverno	[ ] Menstrual

COMO ESTÁ SUA ENERGIA?

_____

_____

_____

_____

COMO VOCÊ VAI USÁ-LA HOJE? PARA O QUE ELA ESTÁ MAIS PROPÍCIA?

_____

_____

_____

_____

→ **Pausa** ← Respire. Feche os olhos. Visualize seu dia. O que você viu?

_____

_____

_____

_____

_____

Como você vai se nutrir hoje?

FISICAMENTE	EMOCIONALMENTE	ESPIRITUALMENTE

Hoje → Principais ações rumo aos seus sonhos

Escreva aqui sua principal atitude hoje para se conectar com a abundância do universo

Avalie o dia → Como você praticou o autocuidado hoje?

O que pode melhorar?

O que foi incrível e você vai manter?

Diário da gratidão

Palavra/frase que leva para amanhã

> **Deus não tem braços nem pernas a não ser os nossos, então ele só pode nos enviar as medicinas de que precisamos nos aproximando das pessoas que possuem tais medicinas.**

PLANEJE SUA VIDA

data _____ / _____ / _____

Qual será o seu foco hoje?

_____

_____

_____

_____

_____

_____

" É nas interações uns com os outros que nos curamos e voltamos à nossa inteireza, à nossa integridade. "

Sincronia com a natureza

FASE DA LUA:	ESTAÇÃO DO ANO:	MOMENTO DO SEU CICLO:
[ ] Lua Crescente ◑	[ ] Primavera	[ ] Pré-ovulatório
[ ] Lua Cheia ●	[ ] Verão	[ ] Ovulatório
[ ] Lua Minguante ◑	[ ] Outono	[ ] Pré-menstrual
[ ] Lua Nova O	[ ] Inverno	[ ] Menstrual

COMO ESTÁ SUA ENERGIA?

_____

_____

_____

_____

COMO VOCÊ VAI USÁ-LA HOJE?
PARA O QUE ELA ESTÁ MAIS PROPÍCIA?

_____

_____

_____

_____

→ **Pausa** ← Respire. Feche os olhos. Visualize seu dia. O que você viu?

_____

_____

_____

_____

_____

Como você vai se nutrir hoje?

FISICAMENTE	EMOCIONALMENTE	ESPIRITUALMENTE

Hoje → Principais ações rumo aos seus sonhos

Escreva aqui sua principal atitude hoje para se conectar com a abundância do universo

Avalie o dia → Como você praticou o autocuidado hoje?

O que pode melhorar?

O que foi incrível e você vai manter?

Diário da gratidão

Palavra/frase que leva para amanhã

> **❝ A partir de hoje, desperte para enxergar o amor e as suas diferentes manifestações, e para se permitir dar e receber cada dia um pouco mais. ❞**

PLANEJE SUA VIDA   data _____ / _____ / _____

Qual será o seu foco hoje?

> « Hoje você é mais jovem do que vai ser pelo resto da sua vida. »

_____

_____

_____

_____

_____

_____

_____

Sincronia com a natureza

FASE DA LUA:	ESTAÇÃO DO ANO:	MOMENTO DO SEU CICLO:
[ ] Lua Crescente ☽	[ ] Primavera	[ ] Pré-ovulatório
[ ] Lua Cheia ●	[ ] Verão	[ ] Ovulatório
[ ] Lua Minguante ☾	[ ] Outono	[ ] Pré-menstrual
[ ] Lua Nova ○	[ ] Inverno	[ ] Menstrual

COMO ESTÁ SUA ENERGIA?   COMO VOCÊ VAI USÁ-LA HOJE?
                                           PARA O QUE ELA ESTÁ MAIS PROPÍCIA?

→ **Pausa** ←   Respire. Feche os olhos. Visualize seu dia. O que você viu?

Como você vai se nutrir hoje?

FISICAMENTE	EMOCIONALMENTE	ESPIRITUALMENTE

Hoje → Principais ações rumo aos seus sonhos

Escreva aqui sua principal atitude hoje para se conectar com a abundância do universo

Avalie o dia → Como você praticou o autocuidado hoje?

O que pode melhorar?　　　　　O que foi incrível e você vai manter?

Diário da gratidão

Palavra/frase que leva para amanhã

> **A sua medicina não é um objetivo e não é algo a ser alcançado. Ela já está aí, dentro de você, perfumando cada ação que você pratica, cada palavra que pronuncia.**

PLANEJE SUA VIDA   data _____ / _____ / _____

Qual será o seu foco hoje?

> « Assim que descobrir a sua medicina e o seu propósito, você verá que tudo na vida se tornará mais fácil. »

Sincronia com a natureza

FASE DA LUA:	ESTAÇÃO DO ANO:	MOMENTO DO SEU CICLO:
[ ] Lua Crescente ☽	[ ] Primavera	[ ] Pré-ovulatório
[ ] Lua Cheia ●	[ ] Verão	[ ] Ovulatório
[ ] Lua Minguante ☾	[ ] Outono	[ ] Pré-menstrual
[ ] Lua Nova O	[ ] Inverno	[ ] Menstrual

COMO ESTÁ SUA ENERGIA?

COMO VOCÊ VAI USÁ-LA HOJE?
PARA O QUE ELA ESTÁ MAIS PROPÍCIA?

→ **Pausa** ← Respire. Feche os olhos. Visualize seu dia. O que você viu?

Como você vai se nutrir hoje?

FISICAMENTE	EMOCIONALMENTE	ESPIRITUALMENTE

Hoje → Principais ações rumo aos seus sonhos

Escreva aqui sua principal atitude hoje para se conectar com a abundância do universo

Avalie o dia → Como você praticou o autocuidado hoje?

O que pode melhorar?

O que foi incrível e você vai manter?

Diário da gratidão

Palavra/frase que leva para amanhã

" Você quer o suficiente para fazer o que quer que seja necessário? "

PLANEJE SUA VIDA

data _____ / _____ / _____

Qual será o seu foco hoje?

> **Você precisa primeiro aceitar o momento presente para depois poder mudar qualquer coisa.**

Sincronia com a natureza

FASE DA LUA:	ESTAÇÃO DO ANO:	MOMENTO DO SEU CICLO:
[ ] Lua Crescente ☽	[ ] Primavera	[ ] Pré-ovulatório
[ ] Lua Cheia ●	[ ] Verão	[ ] Ovulatório
[ ] Lua Minguante ☾	[ ] Outono	[ ] Pré-menstrual
[ ] Lua Nova ○	[ ] Inverno	[ ] Menstrual

COMO ESTÁ SUA ENERGIA?

COMO VOCÊ VAI USÁ-LA HOJE? PARA O QUE ELA ESTÁ MAIS PROPÍCIA?

→ **Pausa** ← Respire. Feche os olhos. Visualize seu dia. O que você viu?

Como você vai se nutrir hoje?

FISICAMENTE	EMOCIONALMENTE	ESPIRITUALMENTE

Hoje → Principais ações rumo aos seus sonhos

Escreva aqui sua principal atitude hoje para se conectar com a abundância do universo

Avalie o dia → Como você praticou o autocuidado hoje?

O que pode melhorar?

O que foi incrível e você vai manter?

Diário da gratidão

Palavra/frase que leva para amanhã

> **"Você precisa pedir ajuda para que a medicina de outras pessoas possa chegar até você."**

PLANEJE SUA VIDA   data _____ / _____ / _____

Qual será o seu foco hoje?

_____
_____
_____
_____
_____
_____

> **Como toda cura, o primeiro passo é se abrir para ela e estar disposta a ser curada.**

Sincronia com a natureza

FASE DA LUA:	ESTAÇÃO DO ANO:	MOMENTO DO SEU CICLO:
[ ] Lua Crescente ◗	[ ] Primavera	[ ] Pré-ovulatório
[ ] Lua Cheia ●	[ ] Verão	[ ] Ovulatório
[ ] Lua Minguante ◖	[ ] Outono	[ ] Pré-menstrual
[ ] Lua Nova ○	[ ] Inverno	[ ] Menstrual

COMO ESTÁ SUA ENERGIA?

_____
_____
_____
_____

COMO VOCÊ VAI USÁ-LA HOJE? PARA O QUE ELA ESTÁ MAIS PROPÍCIA?

_____
_____
_____
_____

→ **Pausa** ← Respire. Feche os olhos. Visualize seu dia. O que você viu?

_____
_____
_____
_____
_____

Como você vai se nutrir hoje?

FISICAMENTE	EMOCIONALMENTE	ESPIRITUALMENTE

Hoje → Principais ações rumo aos seus sonhos

Escreva aqui sua principal atitude hoje para se conectar com a abundância do universo

Avalie o dia → Como você praticou o autocuidado hoje?

O que pode melhorar?

O que foi incrível e você vai manter?

Diário da gratidão

Palavra/frase que leva para amanhã

"Entre para esta seita: aceita que dói menos."

PLANEJE SUA VIDA

data _____ / _____ / _____

Qual será o seu foco hoje?

_____
_____
_____
_____
_____
_____

> " A partir de hoje, seja uma guardiã atenta da sua vibração, pois ela impacta as situações e pessoas que você atrai para a sua vida. "

Sincronia com a natureza

FASE DA LUA:	ESTAÇÃO DO ANO:	MOMENTO DO SEU CICLO:
[ ] Lua Crescente ☽	[ ] Primavera	[ ] Pré-ovulatório
[ ] Lua Cheia ●	[ ] Verão	[ ] Ovulatório
[ ] Lua Minguante ☾	[ ] Outono	[ ] Pré-menstrual
[ ] Lua Nova ○	[ ] Inverno	[ ] Menstrual

COMO ESTÁ SUA ENERGIA?

_____
_____
_____
_____

COMO VOCÊ VAI USÁ-LA HOJE?
PARA O QUE ELA ESTÁ MAIS PROPÍCIA?

_____
_____
_____
_____

→ **Pausa** ← Respire. Feche os olhos. Visualize seu dia. O que você viu?

_____
_____
_____
_____

Como você vai se nutrir hoje?

FISICAMENTE	EMOCIONALMENTE	ESPIRITUALMENTE

Hoje → Principais ações rumo aos seus sonhos

Escreva aqui sua principal atitude hoje para se conectar com a abundância do universo

Avalie o dia → Como você praticou o autocuidado hoje?

O que pode melhorar?

O que foi incrível e você vai manter?

Diário da gratidão

Palavra/frase que leva para amanhã

> **Somos todos um: estamos todos aqui ao mesmo tempo, e fazemos parte do universo neste momento, no agora.**

PLANEJE SUA VIDA

data _____ / _____ / _____

Qual será o seu foco hoje?

_____
_____
_____
_____
_____

> « Normalmente, dar demais é um sinal de privação, de falta. »

Sincronia com a natureza

FASE DA LUA:	ESTAÇÃO DO ANO:	MOMENTO DO SEU CICLO:
[ ] Lua Crescente ☽	[ ] Primavera	[ ] Pré-ovulatório
[ ] Lua Cheia ●	[ ] Verão	[ ] Ovulatório
[ ] Lua Minguante ☾	[ ] Outono	[ ] Pré-menstrual
[ ] Lua Nova ○	[ ] Inverno	[ ] Menstrual

COMO ESTÁ SUA ENERGIA?

_____
_____
_____
_____
_____

COMO VOCÊ VAI USÁ-LA HOJE?
PARA O QUE ELA ESTÁ MAIS PROPÍCIA?

_____
_____
_____
_____
_____

→ **Pausa** ← Respire. Feche os olhos. Visualize seu dia. O que você viu?

_____
_____
_____
_____
_____

Como você vai se nutrir hoje?

FISICAMENTE	EMOCIONALMENTE	ESPIRITUALMENTE

Hoje → Principais ações rumo aos seus sonhos

Escreva aqui sua principal atitude hoje para se conectar com a abundância do universo

Avalie o dia → Como você praticou o autocuidado hoje?

O que pode melhorar?

O que foi incrível e você vai manter?

Diário da gratidão

Palavra/frase que leva para amanhã

> « Assim que começar a sua jornada de autoconhecimento, você vai perceber que algumas pessoas não vão gostar do *novo você*. »

PLANEJE SUA VIDA

data _____ / _____ / _____

Qual será o seu foco hoje?

> **" Quanto mais do seu tempo de vida deve ser sacrificado para manter as aparências? "**

_____
_____
_____
_____
_____
_____

Sincronia com a natureza

FASE DA LUA:	ESTAÇÃO DO ANO:	MOMENTO DO SEU CICLO:
[ ] Lua Crescente ☽	[ ] Primavera	[ ] Pré-ovulatório
[ ] Lua Cheia ●	[ ] Verão	[ ] Ovulatório
[ ] Lua Minguante ☾	[ ] Outono	[ ] Pré-menstrual
[ ] Lua Nova O	[ ] Inverno	[ ] Menstrual

COMO ESTÁ SUA ENERGIA?

_____
_____
_____
_____

COMO VOCÊ VAI USÁ-LA HOJE? PARA O QUE ELA ESTÁ MAIS PROPÍCIA?

_____
_____
_____
_____

→ **Pausa** ← Respire. Feche os olhos. Visualize seu dia. O que você viu?

_____
_____
_____
_____

Como você vai se nutrir hoje?

FISICAMENTE	EMOCIONALMENTE	ESPIRITUALMENTE

Hoje → Principais ações rumo aos seus sonhos

Escreva aqui sua principal atitude hoje para se conectar com a abundância do universo

Avalie o dia → Como você praticou o autocuidado hoje?

O que pode melhorar?

O que foi incrível e você vai manter?

Diário da gratidão

Palavra/frase que leva para amanhã

> **Desafie-se a usar o não com ponto-final sempre que os convites ou pedidos alheios forem consumir o tempo — já escasso — que você tem para investir nos seus sonhos.**

PLANEJE SUA VIDA

data _____ / _____ / _____

Qual será o seu foco hoje?

> **Como alguém pode viver um hoje insuportável na esperança de ser quem nasceu para ser só depois?**

_____
_____
_____
_____
_____
_____

Sincronia com a natureza

FASE DA LUA:	ESTAÇÃO DO ANO:	MOMENTO DO SEU CICLO:
[ ] Lua Crescente ◐	[ ] Primavera	[ ] Pré-ovulatório
[ ] Lua Cheia ●	[ ] Verão	[ ] Ovulatório
[ ] Lua Minguante ◑	[ ] Outono	[ ] Pré-menstrual
[ ] Lua Nova ○	[ ] Inverno	[ ] Menstrual

COMO ESTÁ SUA ENERGIA?

COMO VOCÊ VAI USÁ-LA HOJE?
PARA O QUE ELA ESTÁ MAIS PROPÍCIA?

→ **Pausa** ← Respire. Feche os olhos. Visualize seu dia. O que você viu?

_____
_____
_____
_____

Como você vai se nutrir hoje?

FISICAMENTE	EMOCIONALMENTE	ESPIRITUALMENTE

Hoje → Principais ações rumo aos seus sonhos

Escreva aqui sua principal atitude hoje para se conectar com a abundância do universo

Avalie o dia → Como você praticou o autocuidado hoje?

O que pode melhorar?	O que foi incrível e você vai manter?

Diário da gratidão

Palavra/frase que leva para amanhã

> ❝ Quando está fluindo, é porque a gente está fazendo fluir. ❞

PLANEJE SUA VIDA

data ____ / ____ / ____

Qual será o seu foco hoje?

_____
_____
_____
_____
_____
_____
_____

> « Ninguém está dentro do seu coração para sentir a certeza que você sente. »

Sincronia com a natureza

FASE DA LUA:	ESTAÇÃO DO ANO:	MOMENTO DO SEU CICLO:
[ ] Lua Crescente ☽	[ ] Primavera	[ ] Pré-ovulatório
[ ] Lua Cheia ●	[ ] Verão	[ ] Ovulatório
[ ] Lua Minguante ☾	[ ] Outono	[ ] Pré-menstrual
[ ] Lua Nova O	[ ] Inverno	[ ] Menstrual

COMO ESTÁ SUA ENERGIA?

_____
_____
_____
_____

COMO VOCÊ VAI USÁ-LA HOJE?
PARA O QUE ELA ESTÁ MAIS PROPÍCIA?

_____
_____
_____
_____

→ **Pausa** ← Respire. Feche os olhos. Visualize seu dia. O que você viu?

_____
_____
_____
_____

Como você vai se nutrir hoje?

FISICAMENTE	EMOCIONALMENTE	ESPIRITUALMENTE

Hoje → Principais ações rumo aos seus sonhos

Escreva aqui sua principal atitude hoje para se conectar com a abundância do universo

Avalie o dia → Como você praticou o autocuidado hoje?

O que pode melhorar?

O que foi incrível e você vai manter?

Diário da gratidão

Palavra/frase que leva para amanhã

> **Lembre-se de que, a cada não que você diz a alguém, há um sim que você está dizendo a si mesma, à sua missão, ao seu propósito de vida.**

PLANEJE SUA VIDA

data _____ / _____ / _____

Qual será o seu foco hoje?

_____

_____

_____

_____

_____

_____

> **« Corte coisas que são menos importantes do que o seu sonho. »**

Sincronia com a natureza

FASE DA LUA:	ESTAÇÃO DO ANO:	MOMENTO DO SEU CICLO:
[ ] Lua Crescente ☽	[ ] Primavera	[ ] Pré-ovulatório
[ ] Lua Cheia ●	[ ] Verão	[ ] Ovulatório
[ ] Lua Minguante ☾	[ ] Outono	[ ] Pré-menstrual
[ ] Lua Nova ○	[ ] Inverno	[ ] Menstrual

COMO ESTÁ SUA ENERGIA?

COMO VOCÊ VAI USÁ-LA HOJE? PARA O QUE ELA ESTÁ MAIS PROPÍCIA?

→ **Pausa** ← Respire. Feche os olhos. Visualize seu dia. O que você viu?

_____

_____

_____

_____

Como você vai se nutrir hoje?

FISICAMENTE	EMOCIONALMENTE	ESPIRITUALMENTE

Hoje → Principais ações rumo aos seus sonhos

Escreva aqui sua principal atitude hoje para se conectar com a abundância do universo

Avalie o dia → Como você praticou o autocuidado hoje?

O que pode melhorar?   O que foi incrível e você vai manter?

Diário da gratidão

Palavra/frase que leva para amanhã

> **Eu arrisco dizer que, no novo mundo que desponta, vai ser cada vez mais difícil não ser você.**

PLANEJE SUA VIDA

data _____ / _____ / _____

Qual será o seu foco hoje?

> « Pare de compartimentalizar a sua vida. Decida ser você. »

_____

_____

_____

_____

_____

_____

Sincronia com a natureza

FASE DA LUA:	ESTAÇÃO DO ANO:	MOMENTO DO SEU CICLO:
[ ] Lua Crescente ◑	[ ] Primavera	[ ] Pré-ovulatório
[ ] Lua Cheia ●	[ ] Verão	[ ] Ovulatório
[ ] Lua Minguante ◐	[ ] Outono	[ ] Pré-menstrual
[ ] Lua Nova ○	[ ] Inverno	[ ] Menstrual

COMO ESTÁ SUA ENERGIA?

_____

_____

_____

_____

_____

COMO VOCÊ VAI USÁ-LA HOJE?
PARA O QUE ELA ESTÁ MAIS PROPÍCIA?

_____

_____

_____

_____

_____

→ **Pausa** ← Respire. Feche os olhos. Visualize seu dia. O que você viu?

_____

_____

_____

_____

Como você vai se nutrir hoje?

FISICAMENTE	EMOCIONALMENTE	ESPIRITUALMENTE

Hoje → Principais ações rumo aos seus sonhos

Escreva aqui sua principal atitude hoje para se conectar com a abundância do universo

Avalie o dia → Como você praticou o autocuidado hoje?

O que pode melhorar?

O que foi incrível e você vai manter?

Diário da gratidão

Palavra/frase que leva para amanhã

> **"Quantas oportunidades boas perdemos quando nos identificamos com as emoções negativas e nos deixamos levar por elas?"**

PLANEJE SUA VIDA

data _____ / _____ / _____

Qual será o seu foco hoje?

_____
_____
_____
_____
_____
_____

> **Falta de dinheiro só é problema quando você está desconectada da sua verdade.** 🙶🙷

Sincronia com a natureza

FASE DA LUA:	ESTAÇÃO DO ANO:	MOMENTO DO SEU CICLO:
[ ] Lua Crescente ◑	[ ] Primavera	[ ] Pré-ovulatório
[ ] Lua Cheia ●	[ ] Verão	[ ] Ovulatório
[ ] Lua Minguante ◐	[ ] Outono	[ ] Pré-menstrual
[ ] Lua Nova ○	[ ] Inverno	[ ] Menstrual

COMO ESTÁ SUA ENERGIA?

_____
_____
_____
_____
_____

COMO VOCÊ VAI USÁ-LA HOJE?
PARA O QUE ELA ESTÁ MAIS PROPÍCIA?

_____
_____
_____
_____
_____

→ Pausa ← Respire. Feche os olhos. Visualize seu dia. O que você viu?

_____
_____
_____
_____
_____

Como você vai se nutrir hoje?

FISICAMENTE	EMOCIONALMENTE	ESPIRITUALMENTE

Hoje → Principais ações rumo aos seus sonhos

Escreva aqui sua principal atitude hoje para se conectar com a abundância do universo

Avalie o dia → Como você praticou o autocuidado hoje?

O que pode melhorar?

O que foi incrível e você vai manter?

Diário da gratidão

Palavra/frase que leva para amanhã

❝ O que você quer ser antes de morrer? ❞

PLANEJE SUA VIDA

data _____ / _____ / _____

Qual será o seu foco hoje?

_____

_____

_____

_____

_____

_____

> **" Preste atenção na sensação de paz: esse é o sinal verde de Deus para você seguir em frente. "**

Sincronia com a natureza

FASE DA LUA:	ESTAÇÃO DO ANO:	MOMENTO DO SEU CICLO:
[ ] Lua Crescente ☽	[ ] Primavera	[ ] Pré-ovulatório
[ ] Lua Cheia ●	[ ] Verão	[ ] Ovulatório
[ ] Lua Minguante ☾	[ ] Outono	[ ] Pré-menstrual
[ ] Lua Nova ○	[ ] Inverno	[ ] Menstrual

COMO ESTÁ SUA ENERGIA?

_____

_____

_____

_____

_____

COMO VOCÊ VAI USÁ-LA HOJE?
PARA O QUE ELA ESTÁ MAIS PROPÍCIA?

_____

_____

_____

_____

_____

→ **Pausa** ← Respire. Feche os olhos. Visualize seu dia. O que você viu?

_____

_____

_____

_____

_____

Como você vai se nutrir hoje?

FISICAMENTE	EMOCIONALMENTE	ESPIRITUALMENTE

Hoje → Principais ações rumo aos seus sonhos

Escreva aqui sua principal atitude hoje para se conectar com a abundância do universo

Avalie o dia → Como você praticou o autocuidado hoje?

O que pode melhorar?

O que foi incrível e você vai manter?

Diário da gratidão

Palavra/frase que leva para amanhã

> 66 O sucesso não vem com o que você faz uma vez por ano, nem todo mês, nem mesmo uma vez por semana. 99

PLANEJE SUA VIDA   data _____ / _____ / _____

Qual será o seu foco hoje?

> **Você tem que aprender a confiar no seu sensor, nesse GPS interno que veio de fábrica.**

_____

_____

_____

_____

_____

_____

Sincronia com a natureza

FASE DA LUA:	ESTAÇÃO DO ANO:	MOMENTO DO SEU CICLO:
[ ] Lua Crescente ◑	[ ] Primavera	[ ] Pré-ovulatório
[ ] Lua Cheia ●	[ ] Verão	[ ] Ovulatório
[ ] Lua Minguante ◑	[ ] Outono	[ ] Pré-menstrual
[ ] Lua Nova ○	[ ] Inverno	[ ] Menstrual

COMO ESTÁ SUA ENERGIA?

COMO VOCÊ VAI USÁ-LA HOJE? PARA O QUE ELA ESTÁ MAIS PROPÍCIA?

→ **Pausa** ← Respire. Feche os olhos. Visualize seu dia. O que você viu?

Como você vai se nutrir hoje?

FISICAMENTE	EMOCIONALMENTE	ESPIRITUALMENTE

Hoje → Principais ações rumo aos seus sonhos

Escreva aqui sua principal atitude hoje para se conectar com a abundância do universo

Avalie o dia → Como você praticou o autocuidado hoje?

O que pode melhorar?

O que foi incrível e você vai manter?

Diário da gratidão

Palavra/frase que leva para amanhã

> ❝ O milagre só vai vir se você, antes, fizer tudo o que já está ao seu alcance. ❞

PLANEJE SUA VIDA

data _____ / _____ / _____

Qual será o seu foco hoje?

> **E se não tivesse dinheiro no mundo, o que você faria da sua vida?**

Sincronia com a natureza

FASE DA LUA:	ESTAÇÃO DO ANO:	MOMENTO DO SEU CICLO:
[ ] Lua Crescente ☽	[ ] Primavera	[ ] Pré-ovulatório
[ ] Lua Cheia ●	[ ] Verão	[ ] Ovulatório
[ ] Lua Minguante ☾	[ ] Outono	[ ] Pré-menstrual
[ ] Lua Nova ○	[ ] Inverno	[ ] Menstrual

COMO ESTÁ SUA ENERGIA?

COMO VOCÊ VAI USÁ-LA HOJE? PARA O QUE ELA ESTÁ MAIS PROPÍCIA?

→ **Pausa** ← Respire. Feche os olhos. Visualize seu dia. O que você viu?

Como você vai se nutrir hoje?

FISICAMENTE	EMOCIONALMENTE	ESPIRITUALMENTE

Hoje → Principais ações rumo aos seus sonhos

Escreva aqui sua principal atitude hoje para se conectar com a abundância do universo

Avalie o dia → Como você praticou o autocuidado hoje?

O que pode melhorar?

O que foi incrível e você vai manter?

Diário da gratidão

Palavra/frase que leva para amanhã

" A abundância é um direito seu. "

PLANEJE SUA VIDA

data _____ / _____ / _____

Qual será o seu foco hoje?

_____
_____
_____
_____
_____
_____
_____

> « Toda expressão da sua espiritualidade é válida. »

Sincronia com a natureza

FASE DA LUA:	ESTAÇÃO DO ANO:	MOMENTO DO SEU CICLO:
[ ] Lua Crescente ☽	[ ] Primavera	[ ] Pré-ovulatório
[ ] Lua Cheia ●	[ ] Verão	[ ] Ovulatório
[ ] Lua Minguante ☾	[ ] Outono	[ ] Pré-menstrual
[ ] Lua Nova ○	[ ] Inverno	[ ] Menstrual

COMO ESTÁ SUA ENERGIA?

COMO VOCÊ VAI USÁ-LA HOJE?
PARA O QUE ELA ESTÁ MAIS PROPÍCIA?

→ **Pausa** ← Respire. Feche os olhos. Visualize seu dia. O que você viu?

_____
_____
_____
_____

Como você vai se nutrir hoje?

FISICAMENTE	EMOCIONALMENTE	ESPIRITUALMENTE

Hoje → Principais ações rumo aos seus sonhos

_____
_____
_____
_____

Escreva aqui sua principal atitude hoje para se conectar com a abundância do universo

_____
_____
_____
_____

Avalie o dia → Como você praticou o autocuidado hoje?

_____
_____
_____
_____

O que pode melhorar?   O que foi incrível e você vai manter?

_____   _____
_____   _____
_____   _____

Diário da gratidão

_____
_____
_____

Palavra/frase que leva para amanhã

_____
_____

> **Às 'pessoas' e às críticas construtivas de quem nunca construiu nada, bem, a elas eu dedico o meu mais sincero e carinhoso foda-se.**

PLANEJE SUA VIDA

data ＿＿＿＿ / ＿＿＿＿ / ＿＿＿＿

" Sinceramente, o que pode ser pior do que viver presa em uma vida que não é para você? "

Qual será o seu foco hoje?

_____

_____

_____

_____

_____

_____

Sincronia com a natureza

FASE DA LUA:	ESTAÇÃO DO ANO:	MOMENTO DO SEU CICLO:
[ ] Lua Crescente ◐	[ ] Primavera	[ ] Pré-ovulatório
[ ] Lua Cheia ●	[ ] Verão	[ ] Ovulatório
[ ] Lua Minguante ◑	[ ] Outono	[ ] Pré-menstrual
[ ] Lua Nova ○	[ ] Inverno	[ ] Menstrual

COMO ESTÁ SUA ENERGIA?

COMO VOCÊ VAI USÁ-LA HOJE? PARA O QUE ELA ESTÁ MAIS PROPÍCIA?

→ **Pausa** ← Respire. Feche os olhos. Visualize seu dia. O que você viu?

Como você vai se nutrir hoje?

FISICAMENTE	EMOCIONALMENTE	ESPIRITUALMENTE

Hoje → Principais ações rumo aos seus sonhos

Escreva aqui sua principal atitude hoje para se conectar com a abundância do universo

Avalie o dia → Como você praticou o autocuidado hoje?

O que pode melhorar?   O que foi incrível e você vai manter?

Diário da gratidão

Palavra/frase que leva para amanhã

" O que você precisa fazer para conseguir o que deseja? "

PLANEJE SUA VIDA   data _____ / _____ / _____

Qual será o seu foco hoje?

> " O milagre só vai vir se você, antes, fizer tudo o que já está ao seu alcance. Mesmo que pareça pouco. Ou mesmo que seja muito difícil. "

_____
_____
_____
_____
_____
_____

Sincronia com a natureza

FASE DA LUA:	ESTAÇÃO DO ANO:	MOMENTO DO SEU CICLO:
[ ] Lua Crescente ☽	[ ] Primavera	[ ] Pré-ovulatório
[ ] Lua Cheia ●	[ ] Verão	[ ] Ovulatório
[ ] Lua Minguante ☾	[ ] Outono	[ ] Pré-menstrual
[ ] Lua Nova ○	[ ] Inverno	[ ] Menstrual

COMO ESTÁ SUA ENERGIA?

COMO VOCÊ VAI USÁ-LA HOJE?
PARA O QUE ELA ESTÁ MAIS PROPÍCIA?

→ **Pausa** ← Respire. Feche os olhos. Visualize seu dia. O que você viu?

_____
_____
_____
_____
_____

Como você vai se nutrir hoje?

FISICAMENTE	EMOCIONALMENTE	ESPIRITUALMENTE

Hoje → Principais ações rumo aos seus sonhos

Escreva aqui sua principal atitude hoje para se conectar com a abundância do universo

Avalie o dia → Como você praticou o autocuidado hoje?

O que pode melhorar?   O que foi incrível e você vai manter?

Diário da gratidão

Palavra/frase que leva para amanhã

> **Mude as suas perguntas para começar a mudar também as respostas.**

PLANEJE SUA VIDA
data _____ / _____ / _____

Qual será o seu foco hoje?

_____
_____
_____
_____
_____
_____

> **" Sempre que cair, lembre-se: só cai quem voa. "**

Sincronia com a natureza

FASE DA LUA:	ESTAÇÃO DO ANO:	MOMENTO DO SEU CICLO:
[ ] Lua Crescente ☽	[ ] Primavera	[ ] Pré-ovulatório
[ ] Lua Cheia ●	[ ] Verão	[ ] Ovulatório
[ ] Lua Minguante ☾	[ ] Outono	[ ] Pré-menstrual
[ ] Lua Nova O	[ ] Inverno	[ ] Menstrual

COMO ESTÁ SUA ENERGIA?

_____
_____
_____
_____

COMO VOCÊ VAI USÁ-LA HOJE? PARA O QUE ELA ESTÁ MAIS PROPÍCIA?

_____
_____
_____
_____

→ **Pausa** ← Respire. Feche os olhos. Visualize seu dia. O que você viu?

_____
_____
_____
_____
_____

Como você vai se nutrir hoje?

FISICAMENTE	EMOCIONALMENTE	ESPIRITUALMENTE

Hoje → Principais ações rumo aos seus sonhos

_____
_____
_____
_____

Escreva aqui sua principal atitude hoje para se conectar com a abundância do universo

_____
_____
_____
_____

Avalie o dia → Como você praticou o autocuidado hoje?

_____
_____
_____
_____

O que pode melhorar?   O que foi incrível e você vai manter?

_____   _____
_____   _____
_____   _____
_____   _____

Diário da gratidão

_____
_____
_____
_____

Palavra/frase que leva para amanhã

_____
_____

> **Toda vez que você luta contra a existência e contra o que é, o resultado é o mesmo: você sofre.**

PLANEJE SUA VIDA   data _____ / _____ / _____

Qual será o seu foco hoje?

_____
_____

" O ego quer sempre controlar
tudo, saber de tudo. "

_____
_____
_____
_____

Sincronia com a natureza

FASE DA LUA:	ESTAÇÃO DO ANO:	MOMENTO DO SEU CICLO:
[ ] Lua Crescente ◐	[ ] Primavera	[ ] Pré-ovulatório
[ ] Lua Cheia ●	[ ] Verão	[ ] Ovulatório
[ ] Lua Minguante ◑	[ ] Outono	[ ] Pré-menstrual
[ ] Lua Nova ○	[ ] Inverno	[ ] Menstrual

COMO ESTÁ SUA ENERGIA?

_____
_____
_____
_____

COMO VOCÊ VAI USÁ-LA HOJE?
PARA O QUE ELA ESTÁ MAIS PROPÍCIA?

_____
_____
_____
_____

→ **Pausa** ← Respire. Feche os olhos. Visualize seu dia. O que você viu?

_____
_____
_____
_____
_____

Como você vai se nutrir hoje?

FISICAMENTE	EMOCIONALMENTE	ESPIRITUALMENTE

Hoje → Principais ações rumo aos seus sonhos

Escreva aqui sua principal atitude hoje para se conectar com a abundância do universo

Avalie o dia → Como você praticou o autocuidado hoje?

O que pode melhorar?   O que foi incrível e você vai manter?

Diário da gratidão

Palavra/frase que leva para amanhã

> **A maior dor do multipotencial – que é um generalista nato – é ter que escolher uma só coisa para fazer pelo resto da vida.**

PLANEJE SUA VIDA   data _____ / _____ / _____

Qual será o seu foco hoje?

> " As pessoas se afastaram da natureza e das suas medicinas, e isso tornou suas vidas mais vazias e sem sentido. "

_____
_____
_____
_____
_____
_____

Sincronia com a natureza

FASE DA LUA:	ESTAÇÃO DO ANO:	MOMENTO DO SEU CICLO:
[ ] Lua Crescente ☽	[ ] Primavera	[ ] Pré-ovulatório
[ ] Lua Cheia ●	[ ] Verão	[ ] Ovulatório
[ ] Lua Minguante ☾	[ ] Outono	[ ] Pré-menstrual
[ ] Lua Nova ○	[ ] Inverno	[ ] Menstrual

COMO ESTÁ SUA ENERGIA?

COMO VOCÊ VAI USÁ-LA HOJE?
PARA O QUE ELA ESTÁ MAIS PROPÍCIA?

→ **Pausa** ← Respire. Feche os olhos. Visualize seu dia. O que você viu?

_____
_____
_____
_____

Como você vai se nutrir hoje?

FISICAMENTE	EMOCIONALMENTE	ESPIRITUALMENTE

Hoje → Principais ações rumo aos seus sonhos

Escreva aqui sua principal atitude hoje para se conectar com a abundância do universo

Avalie o dia → Como você praticou o autocuidado hoje?

O que pode melhorar?

O que foi incrível e você vai manter?

Diário da gratidão

Palavra/frase que leva para amanhã

" Quem disse que você vai viver mais vinte anos? Que vai ter a mesma saúde que tem hoje? "

PLANEJE SUA VIDA   data _____ / _____ / _____

Qual será o seu foco hoje?

_____
_____
" Divida o seu dom com   _____
o mundo. "   _____
_____
_____

Sincronia com a natureza

FASE DA LUA:	ESTAÇÃO DO ANO:	MOMENTO DO SEU CICLO:
[ ] Lua Crescente ☽	[ ] Primavera	[ ] Pré-ovulatório
[ ] Lua Cheia ●	[ ] Verão	[ ] Ovulatório
[ ] Lua Minguante ☾	[ ] Outono	[ ] Pré-menstrual
[ ] Lua Nova ○	[ ] Inverno	[ ] Menstrual

COMO ESTÁ SUA ENERGIA?   COMO VOCÊ VAI USÁ-LA HOJE?
                                    PARA O QUE ELA ESTÁ MAIS PROPÍCIA?

_____   _____
_____   _____
_____   _____
_____   _____

→ **Pausa** ← Respire. Feche os olhos. Visualize seu dia. O que você viu?

_____
_____
_____
_____

Como você vai se nutrir hoje?

FISICAMENTE	EMOCIONALMENTE	ESPIRITUALMENTE

Hoje → Principais ações rumo aos seus sonhos

Escreva aqui sua principal atitude hoje para se conectar com a abundância do universo

Avalie o dia → Como você praticou o autocuidado hoje?

O que pode melhorar?

O que foi incrível e você vai manter?

Diário da gratidão

Palavra/frase que leva para amanhã

" O que você queria ser quando tinha 5 ou 10 anos de idade? "

PLANEJE SUA VIDA   data _____ / _____ / _____

Qual será o seu foco hoje?

" Se você não sabe bem quais são os seus valores inegociáveis, ou, pior ainda, se anda negociando o inegociável, ainda nem começou o processo de viver de propósito. "

_____
_____
_____
_____
_____
_____

Sincronia com a natureza

FASE DA LUA:	ESTAÇÃO DO ANO:	MOMENTO DO SEU CICLO:
[ ] Lua Crescente ☽	[ ] Primavera	[ ] Pré-ovulatório
[ ] Lua Cheia ●	[ ] Verão	[ ] Ovulatório
[ ] Lua Minguante ☾	[ ] Outono	[ ] Pré-menstrual
[ ] Lua Nova ○	[ ] Inverno	[ ] Menstrual

COMO ESTÁ SUA ENERGIA?

COMO VOCÊ VAI USÁ-LA HOJE?
PARA O QUE ELA ESTÁ MAIS PROPÍCIA?

→ **Pausa** ← Respire. Feche os olhos. Visualize seu dia. O que você viu?

Como você vai se nutrir hoje?

FISICAMENTE	EMOCIONALMENTE	ESPIRITUALMENTE

Hoje → Principais ações rumo aos seus sonhos

Escreva aqui sua principal atitude hoje para se conectar com a abundância do universo

Avalie o dia → Como você praticou o autocuidado hoje?

O que pode melhorar?

O que foi incrível e você vai manter?

Diário da gratidão

Palavra/frase que leva para amanhã

> **" O que eu poderia fazer hoje para me conectar mais comigo mesma e com Deus, e expressar essa conexão em tudo o que faço? "**

PLANEJE SUA VIDA   data ____ / ____ / ____

Qual será o seu foco hoje?

> « O seu futuro, seja qual for a sua idade, está só começando. »

Sincronia com a natureza

FASE DA LUA:	ESTAÇÃO DO ANO:	MOMENTO DO SEU CICLO:
[ ] Lua Crescente ◑	[ ] Primavera	[ ] Pré-ovulatório
[ ] Lua Cheia ●	[ ] Verão	[ ] Ovulatório
[ ] Lua Minguante ◐	[ ] Outono	[ ] Pré-menstrual
[ ] Lua Nova ○	[ ] Inverno	[ ] Menstrual

COMO ESTÁ SUA ENERGIA?

COMO VOCÊ VAI USÁ-LA HOJE? PARA O QUE ELA ESTÁ MAIS PROPÍCIA?

→ **Pausa** ← Respire. Feche os olhos. Visualize seu dia. O que você viu?

Como você vai se nutrir hoje?

FISICAMENTE	EMOCIONALMENTE	ESPIRITUALMENTE

Hoje → Principais ações rumo aos seus sonhos

Escreva aqui sua principal atitude hoje para se conectar com a abundância do universo

Avalie o dia → Como você praticou o autocuidado hoje?

O que pode melhorar? | O que foi incrível e você vai manter?

Diário da gratidão

Palavra/frase que leva para amanhã

" **Em vez de se lamentar pelo tempo perdido, que tal entender que agora é o segundo melhor momento para seguir sua paixão e dar o próximo passo para ser quem você nasceu para ser?** "

PLANEJE SUA VIDA

data _____ / _____ / _____

Qual será o seu foco hoje?

> **A sua mente inconsciente é uma máquina maravilhosa e cheia de recursos.**

Sincronia com a natureza

FASE DA LUA:	ESTAÇÃO DO ANO:	MOMENTO DO SEU CICLO:
[ ] Lua Crescente ☽	[ ] Primavera	[ ] Pré-ovulatório
[ ] Lua Cheia ●	[ ] Verão	[ ] Ovulatório
[ ] Lua Minguante ☾	[ ] Outono	[ ] Pré-menstrual
[ ] Lua Nova O	[ ] Inverno	[ ] Menstrual

COMO ESTÁ SUA ENERGIA?

COMO VOCÊ VAI USÁ-LA HOJE? PARA O QUE ELA ESTÁ MAIS PROPÍCIA?

→ **Pausa** ← Respire. Feche os olhos. Visualize seu dia. O que você viu?

Como você vai se nutrir hoje?

FISICAMENTE	EMOCIONALMENTE	ESPIRITUALMENTE

Hoje → Principais ações rumo aos seus sonhos

Escreva aqui sua principal atitude hoje para se conectar com a abundância do universo

Avalie o dia → Como você praticou o autocuidado hoje?

O que pode melhorar?

O que foi incrível e você vai manter?

Diário da gratidão

Palavra/frase que leva para amanhã

O tempo é o luxo do mundo moderno, um recurso não renovável essencial para a nossa felicidade.

PLANEJE SUA VIDA

data _____ / _____ / _____

Qual será o seu foco hoje?

_____
_____
_____
_____
_____
_____

❝ O momento presente é o que é. ❞

Sincronia com a natureza

FASE DA LUA:	ESTAÇÃO DO ANO:	MOMENTO DO SEU CICLO:
[ ] Lua Crescente ☽	[ ] Primavera	[ ] Pré-ovulatório
[ ] Lua Cheia ●	[ ] Verão	[ ] Ovulatório
[ ] Lua Minguante ☾	[ ] Outono	[ ] Pré-menstrual
[ ] Lua Nova ○	[ ] Inverno	[ ] Menstrual

COMO ESTÁ SUA ENERGIA?

_____
_____
_____
_____
_____

COMO VOCÊ VAI USÁ-LA HOJE? PARA O QUE ELA ESTÁ MAIS PROPÍCIA?

_____
_____
_____
_____
_____

→ **Pausa** ← Respire. Feche os olhos. Visualize seu dia. O que você viu?

_____
_____
_____
_____
_____

Como você vai se nutrir hoje?

FISICAMENTE	EMOCIONALMENTE	ESPIRITUALMENTE

Hoje → Principais ações rumo aos seus sonhos

Escreva aqui sua principal atitude hoje para se conectar com a abundância do universo

Avalie o dia → Como você praticou o autocuidado hoje?

O que pode melhorar?

O que foi incrível e você vai manter?

Diário da gratidão

Palavra/frase que leva para amanhã

> **Na natureza, tudo nasce com um propósito para se tornar alguma coisa.**

PLANEJE SUA VIDA

data ____ / ____ / ____

Qual será o seu foco hoje?

_____
_____
_____
_____
_____
_____
_____

> **Permita que o seu servir a guie na direção do seu propósito.**

Sincronia com a natureza

FASE DA LUA:	ESTAÇÃO DO ANO:	MOMENTO DO SEU CICLO:
[ ] Lua Crescente ☽	[ ] Primavera	[ ] Pré-ovulatório
[ ] Lua Cheia ●	[ ] Verão	[ ] Ovulatório
[ ] Lua Minguante ☾	[ ] Outono	[ ] Pré-menstrual
[ ] Lua Nova ○	[ ] Inverno	[ ] Menstrual

COMO ESTÁ SUA ENERGIA?

_____
_____
_____
_____

COMO VOCÊ VAI USÁ-LA HOJE?
PARA O QUE ELA ESTÁ MAIS PROPÍCIA?

_____
_____
_____
_____

→ **Pausa** ← Respire. Feche os olhos. Visualize seu dia. O que você viu?

_____
_____
_____
_____
_____

Como você vai se nutrir hoje?

FISICAMENTE	EMOCIONALMENTE	ESPIRITUALMENTE

Hoje → Principais ações rumo aos seus sonhos

Escreva aqui sua principal atitude hoje para se conectar com a abundância do universo

Avalie o dia → Como você praticou o autocuidado hoje?

O que pode melhorar?

O que foi incrível e você vai manter?

Diário da gratidão

Palavra/frase que leva para amanhã

" Quando criamos a partir do ser, estamos apoiadas pela energia criativa do universo. Assim, tudo flui com facilidade. "

PLANEJE SUA VIDA

data _____ / _____ / _____

Qual será o seu foco hoje?

_____

_____

_____

_____

_____

_____

❝ Escolha sua vida. ❞

Sincronia com a natureza

FASE DA LUA:	ESTAÇÃO DO ANO:	MOMENTO DO SEU CICLO:
[ ] Lua Crescente ◑	[ ] Primavera	[ ] Pré-ovulatório
[ ] Lua Cheia ●	[ ] Verão	[ ] Ovulatório
[ ] Lua Minguante ◐	[ ] Outono	[ ] Pré-menstrual
[ ] Lua Nova O	[ ] Inverno	[ ] Menstrual

COMO ESTÁ SUA ENERGIA?

_____

_____

_____

_____

COMO VOCÊ VAI USÁ-LA HOJE?
PARA O QUE ELA ESTÁ MAIS PROPÍCIA?

_____

_____

_____

_____

→ **Pausa** ← Respire. Feche os olhos. Visualize seu dia. O que você viu?

_____

_____

_____

_____

Como você vai se nutrir hoje?

FISICAMENTE	EMOCIONALMENTE	ESPIRITUALMENTE

Hoje → Principais ações rumo aos seus sonhos

Escreva aqui sua principal atitude hoje para se conectar com a abundância do universo

Avalie o dia → Como você praticou o autocuidado hoje?

O que pode melhorar?

O que foi incrível e você vai manter?

Diário da gratidão

Palavra/frase que leva para amanhã

❝ Comprometimento é muito mais que intencionalidade. ❞

PLANEJE SUA VIDA

data _____ / _____ / _____

Qual será o seu foco hoje?

_____
_____
_____
_____
_____
_____

❝ A saída é para dentro. ❞

Sincronia com a natureza

FASE DA LUA:	ESTAÇÃO DO ANO:	MOMENTO DO SEU CICLO:
[ ] Lua Crescente ☽	[ ] Primavera	[ ] Pré-ovulatório
[ ] Lua Cheia ●	[ ] Verão	[ ] Ovulatório
[ ] Lua Minguante ☾	[ ] Outono	[ ] Pré-menstrual
[ ] Lua Nova ○	[ ] Inverno	[ ] Menstrual

COMO ESTÁ SUA ENERGIA?

COMO VOCÊ VAI USÁ-LA HOJE?
PARA O QUE ELA ESTÁ MAIS PROPÍCIA?

→ **Pausa** ← Respire. Feche os olhos. Visualize seu dia. O que você viu?

Como você vai se nutrir hoje?

FISICAMENTE	EMOCIONALMENTE	ESPIRITUALMENTE

Hoje → Principais ações rumo aos seus sonhos

Escreva aqui sua principal atitude hoje para se conectar com a abundância do universo

Avalie o dia → Como você praticou o autocuidado hoje?

O que pode melhorar?

O que foi incrível e você vai manter?

Diário da gratidão

Palavra/frase que leva para amanhã

“ Sem intencionalidade não existe sucesso. ”

DIÁRIO DA BRUXA EMPREENDEDORA

———

Escreva aqui seus sonhos, planos, magias e crie a sua realidade...

Parabéns!

Você completou um ciclo completo de 90 dias se observando, se cuidando, registrando seus progressos aqui no *Planeje sua Vida*.

Antes de seguir para o seu próximo ciclo de 90 dias, avalie:

1. Quais são as três áreas da sua vida que mais precisam do seu foco e atenção neste momento? Por quê?

2. Quais são as suas três maiores metas na sua vida pessoal para os próximos 90 dias? Por que essas metas são importantes para você?

3. Como você vai se sentir, ou o que vai mudar na sua vida, quando você atingir essas metas?

4. Quais são as três maiores metas na sua vida profissional para o próximo mês? Por que essas metas são importantes para você?

5. Como você vai se sentir, ou o que vai mudar na sua vida, quando você atingir essas metas?
_____
_____
_____
_____
_____
_____
_____
_____
_____
_____
_____
_____
_____
_____
_____

Agora que você gerou clareza sobre o que será mais importante nos próximos 90 dias, te convido a seguirmos juntas nessa jornada. Para isso, basta ler o QR code abaixo e já encomendar o próximo *Planeje sua Vida*!